スーパーマーケット実力店長の仕事術

超市店长工作术

［日］加藤津代志 著

龙蔚婷 译

人民东方出版传媒

People's Oriental Publishing & Media

东方出版社

The Oriental Press

图字：01-2018-1193 号

SUPER MARKET JITSURYOKU TENCHOU NO SHIGOTOJUTSU
© TSUYOSHI KATOU 2015
Originally published in Japan in 2015 by THE SHOGYOKAI PUBLISHING CO., LTD.
Simplified Chinese translation rights arranged through TOHAN CORPORATION, TOKYO,
and Hanhe International (HK) Co., Ltd.

中文简体字版专有权属东方出版社

图书在版编目（CIP）数据

超市店长工作术／（日）加藤津代志 著；龙蔚婷 译. —北京：东方出版社，2018.10
（服务的细节；078）
ISBN 978-7-5207-0592-9

Ⅰ.①超…　Ⅱ.①加…②龙…　Ⅲ.①超市—商业管理—经验—日本　Ⅳ.①F717.6

中国版本图书馆 CIP 数据核字（2018）第 218323 号

服务的细节 078：超市店长工作术
（FUWU DE XIJIE 078：CHAOSHI DIANZHANG GONGZUOSHU）

作　　　者：［日］加藤津代志
译　　　者：龙蔚婷
责任编辑：崔雁行　高琛倩
出　　　版：东方出版社
发　　　行：人民东方出版传媒有限公司
地　　　址：北京市东城区东四十条 113 号
邮　　　编：100007
印　　　刷：北京文昌阁彩色印刷有限责任公司
版　　　次：2018 年 10 月第 1 版
印　　　次：2018 年 10 月第 1 次印刷
开　　　本：880 毫米×1230 毫米　1/32
印　　　张：6.5
字　　　数：151 千字
书　　　号：ISBN 978-7-5207-0592-9
定　　　价：58.00 元
发行电话：(010) 85924663　85924644　85924641

目录
CONTENTS

第 1 章

超市店长的运营五原则

第 **2** 章

超市店长的"工作循环"

道"不想吃就别勉强"——这种菜单……

日配部门 2

日配部门 3

专栏

第**4**章

实例！
超市店长的"作业改革"

收银部门

正常状态

雇用残疾人士产生的力量 …………………… **157**

"如何让他们在工作中消除自卑"的想法，刺激了一起工作的小时工们，使部门整体活性化

序——来自本书的早晨问候

各位早上好!

这里是一本书的开始,也是对大家的问候。

超市店长的工作,在大家眼中是怎么样的呢?首先想到的是不是:必须要做很多事情,很复杂又有难度。

我在 York-Benimaru 这家颇有代表性的日本企业工作了31年,在这期间,担任店长职务长达15年。这15年里,像"全新店铺""生意惨淡的店铺""遭遇竞争对手的老店铺"等很多难以提高业绩的店铺,我都曾经担任过店长。毋庸置疑的是,无论哪一家店,起步总是艰难的。但是,只要沉下心来思考"无论如何都要打破现在的困境",并借助店内员工的力量,想尽办法,就能在任何时候都能开辟出解决问题的道路。

而我自己,通过这些实战经验,掌握了一套"超市店长带动店铺生意的诀窍",其实,要想打造一个强大的超市,作为店长,只要重视"基本原则",并切实地执行就可以了。

忽略"基本原则"的店长,是不会让门店顾客盈门的。

那么，这些"基本原则"如何在超市现场落地呢？这也不难，只需采取必要的方法，将"基本原则"落实到每天的"工作循环"即可。

对"超市的店长"来说，前文中的"基本原则"，即"店铺运营五原则"，将这五原则融入每天的"工作循环"中去，然后每天、每周地坚持下去，那么这个店长所在的店就一定会得到改善。

这是为什么呢？原因在于，这样做带来的结果是提升"女性小时工的战斗力"。

其实，本书中所提到的"店铺运营五原则"以及"工作循环"，其意图便是提升"女性小时工的战斗力"。是否能成为具有竞争力的超市，分界点就在于能否提高这类员工的战斗力。虽然这是一个经常被忽略的群体，但不得不承认：超市的强大与否，取决于这些女性小时工。

倘若店长能够将这些员工的想法不断地反映到卖场中，让她们持续地意识到自己就是"主人翁"，那么就一定能打造出实力强大的超市。

而作为正式员工的各部门主管，他们的自信及能量也会随之大大提升，最终的结果是，越来越多的员工成为干部后备人选，整个企业成为一个人才济济的团队。

超市里的女性小时工，既是店铺所处商圈的居住者，又是每天进行类似烹饪等家务劳动的主妇集合体。除了活用她们的"感受""了解的事情""想要的东西""想实现的事情"，我想应该没有更好的方法了。或许这么说更准确一些：如果没有抓住这些内容，就无法成为受到当地民众欢迎的超市。

需要和读者们再次强调的是，超市店长应该做的事情并没有什么特别，做好"通过日常工作循环，落实店铺运营五原则，提高女性小时工的战斗力"这一件事情，就足够了。

在本书中，首先，第一章将为大家详细介绍"店铺运营五原则"，即店长必须要做到这五条，才能获得并实现自己的领导力。其次，第二章的内容是"超市店长的工作循环"，店长要通过工作循环中的六个步骤，实现店铺运营的五原则。再次，第三章以蔬果、鲜鱼、精肉、熟食、日配各部门为背景，通过具体的事例，介绍五原则中的"食谱推荐"是如何展开的。最后，第四章将以我的亲身经历，从实操的角度讲解改善的案例。

要学习店长这个角色应该去执行的内容，同时学习执行的方法，并通过实例找到感觉。希望能通过本书，使得超市行业能够多一些有能力的店长，哪怕只有一位。

以上内容，就是本书为大家带来的早晨开篇语。

今天也要面带微笑努力工作哦！

从下一页开始，进入本书的正题。

※在本书中，多次提到 PI 值（Purchase Index），其定义是 1000 个，或者是 100 个顾客，每一个人的购买件数。通过售出件数÷1000（100）计算得出 PI 值，因此这是一个描述顾客对卖场、商品支持率的指标。（摘自《商业用语事典》，商业界出版）

第 **1** 章

超市店长的运营五原则

"调查减少 35% 的原因，
尽快使销售额恢复到原来的水准!"

加藤流派的"超市店长店铺运营"中，包括五个原则。

"整洁化"（洁净的卖场）

"亲切服务"（愉快积极地打招呼）

"防止缺货"（不断货的卖场）

"新鲜度管理"（追求鲜度与味道）

"食谱推荐"（每天的菜单推介）

"店铺运营基础四原则"（＝整洁化、亲切服务、防止缺货、新鲜度管理）起源于美国的便利店，这一概念还被导入超市，成为运营的主要支柱。

在我担任店长期间，当然也实践了这四个原则，而且在此基础上，我还增加了一项"食谱推荐"，以这五个原则为基本内容，正在开展经营方面的指导。

在我 35 岁时，由于工作调动来到了 York-Benimaru 的其中一家分店，这是我入职 York-Benimaru 以来担任店长的第二家分店。

这家分店的卖场面积为 600 坪① （约 1980 平方米，其中包括食品区 450 坪，约 1485 平方米，以及服装区 150 坪，约 495 平方米），每年销售额达 54 亿日元（食品 46 亿日元，服装 8 亿日元），在我到任时，已经知道会有两家竞争对手的店铺将在附近进驻。

我于 3 月份到任，这两家竞争店铺是在 4 月份开业。虽然竭尽全力地想把自己店里的商品尽可能多地卖出去，但由于没有采取什么特别的对策，一个月的销售额与去年相比，下降到了原有水平的 65%。公司马上下达指令："调查出降低 35% 的原因，尽快将业绩恢复到原来的水准。"为此，我向上司提交了报告书，但同时也意识到：报告书里的内容并不能应对新的竞争。

在此之前，这家门店以 600 坪的空间实现了 54 亿日元的销售额，所以不可能再扩大面积了，要想回到原来的销售额，仅靠一般的办法肯定行不通，我深深地感觉到这是一项艰巨的任务，凭一己之力是办不到的。

于是，在晨会时，面对副店长、各部门主管以及小时工们，我这样说道："我虽然向公司提交了报告书，里面有我自己想出来的对策，但作为店长，我的真正想法却不是这样的。既然还有 65% 的顾客，开了两家新店后，他们依然愿意光顾我们，所以拜托大家集思广益，让我们去打动这 65% 的顾客吧。"

这些话语，现在用书本里的印刷体呈现出来，似乎平淡

---

① 1 坪合 3.3057 平方米。

无奇，然而当时的我，心中有种强烈的危机意识，所以言谈之间流露出一种紧迫感。

也许是我的坚定触动了每一个人，在场的每一位临时工，没有一位对我的指令熟视无睹或者感到反感。

"将家庭主妇们的感受、想法 以及利于顾客的事情摆在第一位"

于是我决定马上让"超市店铺运营的基本四原则"实现组织化。以前，"基本四原则"虽说是超市运作的基本支柱，但最终也只是流于形式，只是在晨会、中休以及下班时，由我向员工们训导的内容而已。

整洁化委员会　　　　　　亲切服务委员会
货品齐全、不缺货委员会　　新鲜度管理委员会

负责人都是女性小时工！

但这次就不一样了，我打算通过组织化的方式实行"四个基本原则"，让这些原则真正地落实到实践当中。

我们成立了"整洁化委员会""亲切服务委员会""货品齐全、不断货委员会""新鲜度管理委员会"四个组织，让小时工们有各自部门的同时，加入这些委员会中。

与此同时，我们宣布"要优先考虑大家作为家庭主妇的所感所想，以顾客为先。并且在四个委员会中，大家作为'负责人'所做的事情，将全部采纳"。

结果，用了半年左右的时间，销售额基本回到一年前的同比水平，而在一年以后，我们完全不会受到那两家竞争店铺的影响了。

是的，除了"鲜鱼""精肉""蔬菜水果""加工食品""日配""起居""熟食"这些部门，将"运营四原则"以组织的形式落实，全体员工共同思考，共同努力，才有了这样的一个结果。

"委员会"形式的关键在于，各委员会的负责人不是正式员工，而是女性小时工，正式员工担任副会长。因为一方面让女性小时工负责的话，她们的参与意识会大幅提高，而另一方面，正式员工会遇到调动的情况，如果让他们担任负责人，过了一段时间后必须换人，实行的措施就很难继续深化下去。

最近，很多超市企业也在导入类似的"委员会制度"，然而在我看到的景象里，有很多最后是会失败的。为什么呢？因为这些企业的委员会，都是由正式员工担任负责人的。

在推动"运营四原则组织化"的过程中，我发现了对超市经营来说，不可或缺的第五条运营原则。

这个第五条运营原则便是"食谱推荐"。加上这一条，就形成了"超市店长在店内必须执行的店铺运营五原则"——我们将在这一章中，逐条地为大家介绍。

超市店长的店铺运营五原则

第1条　整洁化（干净的卖场）

超市的店面
与"新店""老店"没有任何关系

"加藤先生提及的超市基本原则中，哪一点是最重要的呢？"

我经常被问到这样的问题，我的回答是："超市里最重要的事情是打扫卫生以及打招呼，也就是整洁化与亲切服务。"听到我的答案后，大家一脸惊讶。

大家一定会想："怎么会是打扫卫生、问好这样的小事呢……"看来，整洁化与微笑带来的业绩效果并没有得到认同。所以我再三提出："如果能将打扫卫生与打招呼这两件事情做到极致，就能成为日本第一的超市。"

在超市中，管理监督人员不能仅口头命令员工打扫卫生，向顾客问好，而要亲身示范，这是不能忽视的。

管理监督人员亲身示范的姿态，作为下属的员工以及小时工们是会看到的。

自己既不打扫，又不问好，这样的上司，他的话不必去听从。

连"把卖场打扫干净"这个最基本的要求都做不到，或者说整洁程度很低，这种店面又如何能在竞争中战胜对手呢？

超市的核心是在店面销售食品，因此整洁化的程度将决定这家店到底是以"质量为先"还是"价格为先"。

正如大家所熟知的旅馆行业，那些有历史渊源的旅馆，虽然陈旧，但每一处都保持得光亮洁净，而服务员问好时也非常热情。

这才是被称作"高级"的缘由。

超市亦是同样的道理，与新旧程度无关，即便是老店铺，如果能一直保持干净整洁的状态，也可以称为好店铺。

其中的关键在于，店长的带头作用。

还有办公室的整理整顿，定位管理要做到位。

所有人员需要确认的资料、数据等，放在最便于管理的地方，以便共享。

店长的办公桌上时刻保持整齐。

当然，如果连抽屉里的文件都能做到分门别类的话，就可以称得上是整洁化的最佳表率了。

除此之外，还要对各部门的储物区、厨房进行整理整顿、卫生管理的指导。

店长能注意到这些毫不起眼的细节，小时工们也一定能够接纳店长的指令并积极地行动起来。

理想状态是"光泽度达 70%"，而现实是：收银台周围为 8%，水果区是 10%

整洁化的要点有三个：

①通道地面的光泽度

②顾客洗手间的清洁度

③舒适性

本章开头提到，我调任店长时，适逢附近两家新超市的开张，由于是新店，店里当然很干净。相比之下，我们的店面可以说是尘土飞扬了。

当时，这家分店距开业已经过去了 15 年的时间，整体的卫生情况不理想也是在所难免的。

而且，也曾是颇有人气的超市，店面内很容易变得很脏，特别是在顾客集中光顾的时间段里，用"灰蒙蒙"来形容店内的状态一点儿也不为过。

生意兴隆的店似乎都逃不过"没一会儿就变脏了"的宿命。

于是，我决定先从"店内清洁从地板做起"这一原则开始着力，首先，彻底清洁店内的地板。

此外，我认为"量化以后更有助于改善"，因此，第一步，我先利用光泽仪测量店铺内的地板光泽度。

光泽度100%是最高水准，而在店内实际一测量，收银台附近为8%，连蔬果区也只有10%。

按理说，顾客较少的杂货区通道，应该比其他区域要干净一些，结果一测，也仅达到了25%。

于是，我们请来清洁公司，将地板打扫干净并打上蜡，所有通道的光泽度都达到了80%，可是第二天，光泽度水平就明显下降了，一周过后，又回落到了清洁公司打扫之前的数值。

"如何才能一直保持干净呢?"

我的想法是："运用专业人员的智慧和诀窍更省事""与其我自己绞尽脑汁，不如集合100个人的想法更快。"所以，马上请来了清洁公司的负责人，面对面地商量。

作为店长，我的目标是："每天达到70%。"

商量的结果是，对各区域的光泽度实现数据化管理，特别脏的地方以及容易脏的地方，打上厚厚的蜡油，然后根据数值的高低，将擦拭的次数编制成具体的日程表。

这么做了以后，所有地方基本都达到了70%，顾客和员工们都感到很惊讶。

由于地面变得干净了，相应地，柜子脚垫的周围一旦脏了就很容易被发现。

而且，很用力地清洁地面，使得蜡附着在柜子上而去不掉。

于是，开始研究用什么样的喷雾才能去掉这些打蜡产生的污垢，最后终于把这些顽固的痕迹给解决掉了。

柜子变干净了，日常的清洁工作就轻松多了，"干净的程度"也能够用肉眼清晰地衡量。采取这些措施以后，小时工们更容易留意到细微之处，整个店面也变得非常干净。

接下来，全体人员关注的重点转向了"我们店的商品新鲜程度怎么样"。

注意到这一步，就来到了整洁化的第二阶段，洗手间。

"店长亲自示范给我们看，而这些都是学校老师没有教给我们的"

洗手间的整洁化，首先，我们要着眼于"在顾客有可能使用洗手间的时间段里要保持干净"。

女士洗手间与男士的不同，它还是一个交流的场所，所以不仅要保持干净，还要让女性顾客感到舒适。

基于"基本四原则"成立的委员会中，让"整洁化委员会"的女性小时工们讨论自己愿意使用什么样的洗手间，并将讨论的结果付诸实践，使得店内洗手间变成了用花艺做装饰的一个清爽空间。

而我作为店长，对"员工使用的洗手间"也花费了一番功夫。

员工使用的洗手间，也是对员工进行培训的场所，因此我自己也要参加轮班打扫的工作。

NPO（Non-Profit Organization，非营利组织，下文简称NPO）法人举办了"打扫方法学习会"，我曾经参加过学习，并将学习到的方法运用到了工作中。

先以两个人为一组，其中一人对同组的伙伴进行关于打扫步骤的指导，然后第二天，这个伙伴再与别人成为一组，把前一天所学到的方法教给他。

如此循环，最后一个人再来指导身为店长的我，然而，实际操作的结果却让我大失所望。

最开始我的指导步骤没并有被正确地传达下去。

结果演变成了跳过一些步骤的操作方法。

这一次，我换了一个和我组队的同事，把正确的方法教授给他，然后再按照原来组队的顺序，一个一个地指导。

开展这些活动的那段时间，员工使用的洗手间与以前相比，很快就变脏了。

坐便器很脏，还有烟味儿，洗手池边上放着厕纸，地面还散落着纸屑。

而在稍早之前，由于打工的学生不够，为此招聘了大量的学生，所以，原因在于那些没有接受过培训的人员，对此，我深信不疑。

于是，晚上7点的时候，我把当时还在店里打工的学生召集到洗手间，对他们说："店长现在自己打扫洗手间，你们

看好了啊

亲自做给他们看，说给他们听

可看好了啊。"亲自示范了一遍给他们看。

用这种方式，教给他们打扫洗手间的方法，然后一起大扫除。

意外的是，他们也毫不避讳地把自己打扫卫生的样子展现在我的眼前。

我很高兴，大扫除结束后，作为奖励，我请他们喝果汁，并让他们写下打扫洗手间的感想。

"学校老师没有教的事情，店长居然亲自示范给我们看""以后只要看见有地方脏了，我就要去擦掉，然后才离开店里""变得越来越干净了，真让人高兴"，看到这些感想，我也被这些学生们感动了。

第二天晚上 7 点，我把大家集合到店长办公室门前，这次训练的是微笑与问好。

大家虽然有些害羞，但还是做得十分认真，渐渐露出了笑颜。

前一天的大扫除，让大家敞开了心扉，所以才能有这样灿烂的笑容吧，我真切地感受到了这一点。

一个店长，要彻底做好整洁化，必须在这些事情上面下大力气。这个过程中，并不是只有艰辛、疲惫，当你看到小时工，还有打工的学生们变得更加积极时，自己是会被打动的，因此这个过程也是幸福的。

凭借"厨余垃圾残渣处理室"的会议产生利润

一说到整洁化，不可避免地陷入只关注店内卫生的误区中，整洁化的范围应该包括"整个店铺"。

店里面有"公用区域""进货口·配送商品存放区""纸箱存放区""厨余垃圾残渣（剩菜）处理室"，而店外面，则包括"店铺周边""花丛草丛"。

这些都是实施整洁化措施的对象。

店铺里面公用区域的关键要点在"厨余垃圾残渣处理室"。

把这个区域打扫干净，就可以在这里开会了。

为什么在这个处理室开会是必须引起重视的事情呢？

原因是，大家可以直接看到卖剩下的商品，并针对"如果这件商品在一个更恰当的时机降价，应该能卖得更好、利润更高"之类的问题进行讨论。

卖场里肯定有很多"没有吸引到顾客的商品"，在这么一个空间中，这些商品能够直接呈现出来。

在新店开张时，那些买了东西的顾客，他们的需求毕竟还没有反映到备货的品类中，所以一开始，总是难以避免出现很多余货。

可是，通过开展"厨余垃圾残渣处理室"会议，可以使商品的打造更加贴近顾客需求，从而产生利润。

尽管我经常对店里的员工说："资金在这个房间里躺着呢。"但其实从打扫卫生中，我也学到了很多关于商品的知识。

另外，千万不能忽略了"购物篮要保持干净"以及"店员的仪表"这两点。

尤其需要强调的是，重视店员的仪表，将直接关系到面对顾客的亲切服务。

"每天打扫""每周打扫""每月打扫"，规定地点和时间

提升整洁化水平主要有三方面重点事项："配备恰当的打扫工具"、"素养"以及"日程化"。

打扫工具的基本原则是"在打扫工具上贴上记号，以区分是哪个部门的物品"，备品相关的物品与工具也需要知道是属于哪个部门的。

此外，还要运用确认表，检查员工的仪表，并使用健康卡确认员工的健康状态。

这样一来，时刻展现在顾客眼前的便是仪表整洁的员工们。

关于清扫的日程化，比如说，顾客使用的洗手间，是每两个小时打扫一次，但在使用频率很高，顾客到店高峰的时段里，每隔两小时打扫是不够的。

所以，将"需要打扫的地方最合理的打扫时间"可视化，定期检查打扫工具保管区，以便能迅速地进行打扫。

例如，在蔬果区的后厨里，有冰箱、水槽以及操作台，还有商品放在里面。

把这些设备、商品，每周打扫完一次后，将打扫后的状态拍下来，把它作为"应有状态"进行展示，据此制订打扫的日程计划，确定"每天打扫的地点及时间""每周打扫的地点及时间""每月打扫的地点及时间"，开展清洁工作。

此外，在后厨，将打扫地点的布局图以及这一处当时的照片张贴出来，这样每天都能看到变干净的过程，打扫的成就感也会油然而生。

坚持这么做，几个月以后，店内与店外就能自然而然地变干净了。

整洁化的要点是"可视化",用照片展示出打扫前与打扫后的状态,其意义还体现在可作为店长对员工提出表扬时的真实依据,"正是大家的努力,我们的店面才变干净了"。

然而,现实当中,有很多超市因后厨的整洁化没有做到位而效率低下。

这个部分的效率化如果没有做到位,那么"生产效率低"也是没有办法的事情,这个局部没有改变,就无法"提高生产效率"。

在我曾经担任店长的某家店里,精肉区的通道是单向通行的,搬运货品时效率很低,将问题"可视化"后,把一侧的备用品搬到其他地方,保证通道的空间,最后终于实现了高效操作。

鲜鱼区的后厨,也做了一些改善,比如将放置的托盘确定好固定位置,对不吻合小时工身高的备用品保管区重新规划,通过这些改善,提高了操作效率。

精肉区的开放式后厨一般会有以下几个问题:① "护目镜容易脏";② "将商品运送到售卖区的小车常常沾着肉片";③ "垃圾车很快就脏了";④ "从外面看不到的地方总是容易堆积备用品"。

①—③的现象一旦被发现,容易引起不适感,所以应该将打扫工作日程化,④的问题常常会妨碍价格标签的定位管理,所以应该事先严格规定好方便寻找的保管位置。

这样的话,即便负责价格标签的员工不在店里,其他人也不必浪费时间去寻找。

除此之外，扔掉那些"什么时候""在哪里""由谁"使用等信息不明确的物品，以及一年以上都没有使用的物品，也能提升整洁化的意识。

"工作时要时刻关注店面入口"是店长必须具备的视角

超市里，遇到下雨天时，雨伞架的底部由于积水很多，会变得特别脏。

我在成为店长之前，经常被上司提醒："雨伞架下面也要清理干净，那也是玄关的一部分。"

某企业的社长甚至说道："入口的自动门导轨里不能有尘土！"

工作时要时刻关注进门的地方，注意到这些细微的地方，是作为店长的必要素养。

用透明胶固定纸张时，透明胶应该如何粘贴则是基础中的基础，粘贴时要注意避免剥离时残留透明胶。

活动过后，在一些物品上总是能发现残留的透明胶痕迹，考虑如何粘贴才能不留痕迹，是分内之事。

此外，超市有时候受顾客、外部人士的委托，需要张贴一些广告、通知等，但是经常会看到这些内容已经过期了，却还一直张贴在原处，没有被撤掉。

为了防止这些情况的发生，需要在张贴内容的右下角，填入应该撤除的日期。

这么做的好处是，过期的内容仍然张贴在店面的现象就会逐渐消失。

关于张贴方式，我在年轻的时候也曾接受过这一类的培训，但最行之有效的办法，还是要以组织化的形式来执行。

某家店里，"整洁化委员会"制作了店里独有的"整洁化确认表"，里面规定了打扫的时间，如"11 点 30 分开始打扫 15 分钟"和"16 点 30 分开始打扫 15 分钟"。每天重复进行"检查→清扫·修正"。

不仅如此，还规定了每个月的一天，比如 10 号，专门对平常打扫不到的很高的部位，进行清洁整理。

还有，店外的花草丛里常常杂草丛生，但却经常被员工们忽视，这一点让人很意外。

这种情况，也是通过"整洁化委员会"这样的组织化团体，认真关注，并开展清理工作。

或许有很多店长认为："比起整洁化来说，降价、促销等才称得上是活动。"

然而，正是以组织化方式实施的整洁化活动，才切实地为店铺带来了稳定的业绩。

第2条 亲切服务（愉快并充满活力地问好）

"因为有你，我才来这家店"
培养出更多顾客所称赞的"你"

"亲切服务"是指愉快并充满活力地问好，包括以下这些要素：

①连锁店的方针决定亲切服务的水平

②企业风气中需要"愉快，精神饱满"

③日语里表示问好的词写作"挨拶（aisatsu）"，"挨拶"中的"挨（ai）"表示打开心扉，"拶（satsu）"则表示心与心相连。

④热情的招待将增加稳定的客源

⑤亲切的基础是笑容

实际上，我作为店长，在运营管理中做得最不充分的便是亲切服务。

意识到这一点后，我将更多的精力积极地投入了亲切服务中。

而店里的口号，也定为"日本第一的亲切服务"。

公司整体上下提出"努力做到亲切服务"的方针，并开始物色试点店铺。

虽然当时我的分店开展了"店铺运营四原则"的活动，但还称不上是"真正取得了效果"，我认定"就是它了"，于是举起了我的手。

我还请教了当时在"店长会议"中担任讲师的亲切服务专业老师，让他告诉我具体的方法。

为何我执着于亲切服务这一原则呢？这是因为我掌握到了一个消息，即国际大型连锁店铺将在本地购物中心的附近开店。

虽然我们的分店也是一个大型的购物中心，但是新开张的连锁店新门店也将成为商业聚集地。

既然规模不分上下，如果能好好地培训每一个人，成为亲切服务水平很高的店铺，绝对能够战胜对手，亲切服务的程度将是差异化的武器。"因为有你，我们才来这家店"，要在我们的店里培养出更多顾客所称赞的"你"。

亲切服务的基础是"笑容"。

然而，即便能用同一个词来概括，笑容对于每一个人来说还是个性化的。所以必须在了解每一个人的个性、特长的基础上，对每一个人进行指导。

而我站在店长的角度，越是认真地指导亲切服务，越是觉得"笑不出来的人也很可爱"。

苦恼于指导的方法，而在这苦恼中又涌出一份对员工的爱怜。

店长如果能有这样的心绪，小时工们必定会追随着你。

一开始的时候，既有"笑容满面"的人，也有仍在"萌芽状态"的人。

要点是认可他们的努力。

这和其他工作是一样的，有些人经过简单的交流就能掌握要领，有些人则不行。

"对不同的人要采用不同的指导方法""指导的同时，指导师也在改变"——这是我在亲切服务的指导中所得到的收获。

为了避免大家陷入困境，店长要时刻关注"经过是怎样的"

亲切服务与整洁化一样，重点都是在于"可视化"（**图表①**）。

这张表里，明确地填写出店长的基准，"什么样的状态才达到 100% 的亲切服务"，还针对小时工明确出"在〇天后达到 30% 吧""〇个月后达到 50%""〇个月后达到 80%"。

即确定目标，也就是登山时什么时候登顶，什么时候到达海拔多少米的地方。

当时的目标是，在竞争对手开业之前，亲切服务要达到 100% 的水平。

"登顶的方式"就交给由女性小时工组成的"亲切服务

图表①

●第四季度的具体目标

填入上述四季度目标后，请制订具体的实现基准。

☆要点：请制订评价目标

阶段	实施内容及实践计划	达到目标数值基准
第一季度 月 30%课题		
第二季度 月 50%课题		
第三季度 月 80%课题		
第四季度 月 100%课题		

●可视化计划

制作能每天进行确认的"可视化表单"吧。

☆要点：采用量化的形式，并能进行过程确认。

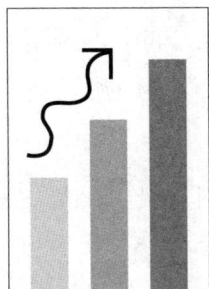

委员会"来决定了。

这个委员会，当时由六名收银员，每个部门两名小时工，即二十名小时工组成，总共二十六人。

而店长，为了避免大家陷入困境，要经常关心"进展得怎么样""走到哪一步了"，在大家迷茫的时候，与大家共同讨论。

女性的思维，有着男性所没有的独到之处，对于这一点，要充分地信任、认可，并给予表扬，这样就一定能够取得成功。

例如，在竞争对手开业之前，店铺的亲切服务水平刚达到80%，我还是鼓励大家"从80%开始努力吧"。

虽然没有达到预定目标，但竞争到来的时候，我们的水平已经有了提高，这就足够了。

所以，在女性小时工成立组织时，制定的目标也不要定得过高，首先定在30%，让大家思考怎么做才能实现，这样组织才能更好地运行起来。

在图表①的下方，记录要"可视化"的目标项目及实现基准，并加入图表、插图，与大家共享的实例（这一方法，在亲切服务以外的方面也可以运用）。

在开展亲切服务的活动时，除了训练员工微笑、打招呼之外，我还针对"贴近服务"，成立了委员会，开展活动。

"贴近服务"不仅是做好微笑、问好，还是需要更加贴近商圈内顾客的一种服务。

举个例子，当时，店铺商圈里的小学都在同一天举办运动会，如果不采取一些措施，生意就可能被学校附近的竞争店铺抢走。

当时，我从小时工的简历里，调查了每个人的家庭结构，把她们按照"有上幼儿园的孩子""有上小学低年级的孩子""有上小学高年级的孩子""有上中学的……""有上高中的……"进行了分类。

再从家庭结构中，分出"有祖父祖母的家庭""只有祖父的家庭""只有祖母的家庭""父母和孩子的家庭"几种类别。

分类之后，能准确地把握类似"现在，在小学低年级里受欢迎的人物角色是什么"这样的信息，或者是像"什么样的企划，才能让爷爷们高兴"这样的课题，我们从家里有祖父的女性小时工那里收集想法，以采取精度更高的促销策略。

其中，以各小学运动会为对象开展的"贴近服务"这一创意，还成为小学低年级顾客群的"一等奖"企划。

"自己的精心策划"一旦奏效了，人的心理状态就会完全不同

我们曾经在店里手工制作了约 800 个一等奖奖牌，然后在运动会开始的前两周，摆在收银台。

运动会日益临近，小学低年级的学生们越来越在意带有

"一等奖""二等奖"元素的物品，他们看到奖牌时自然会问收银员"这是什么"，收银员就会告诉他们，"在运动会前一天来店里的小朋友，我们就会把这个奖牌送给他"。

而之后的两周，孩子们一传十、十传百，到了运动会的前一天，他们便带着妈妈来店里买东西，店里顾客特别多。

这便是"贴近服务"的具体举措，是提高顾客到店动机的关键点。

这个项目的筹备是以收银员的"贴近服务委员会"为主体进行的。

"是我把顾客叫来的"

在画纸上将奖牌的圆形部分画出来，准备一些材料用作奖牌的其余部分，从而制作出一等奖的奖牌。

然后与每个部门的亲切服务委员会成员商量，确定每个部门的分配数量。

"通过委员会，将收银员与各部门人员组成团队，展开活动"是此项目的独到之处。

通常，收银员不喜欢自己的柜台前面排了很多顾客。

但是，有了这样的巧思，就会觉得"顾客是我叫来的"，也就不再排斥自己眼前的顾客排队了。

这么一来，便能自然地流露出微笑，为顾客提供服务了。"自己的精心策划"一旦成功，人的心理状态就会完全不同。

而到了运动会的前一天，收银员预先将五个奖牌挂在自己的脖子上，对来到收银台前的孩子，微笑地说"加油"，然后把自己脖子上的奖牌挂在孩子身上。

同时，当天还特别安排了负责拍照的收银员，为挂上奖牌的孩子照相，将冲洗后的照片在下周的周日作为礼物赠送出去，效果更好。

因为孩子们第二个礼拜要过来拿照片，等于做了第二次生意。

另外，在运动会当天的中午，店里相对没这么忙，我带着下属到学校去，向我们的顾客——妈妈们打招呼。

顺便称赞了妈妈们做的便当，还拍下了照片。

回到店里，把拍下的照片贴在白板上，当天傍晚召开了验证会。

"便当里经常用到的卷心菜，为什么放在那么不显眼的地方？"看到便当以后才了解了很多这样的问题。

这已经超出亲切服务的范畴，触及了市场的领域。

按家庭结构将小时工进行分类，并让她们拍下早中晚餐的饭桌

虽然亲切服务的基础是笑容，但最根本的目的在于，通过亲切服务亲近客户，从而实现营销。

如果员工不胆怯，将和顾客进行对话作为目标，就能够了解到顾客的家庭结构和喜好。

和顾客熟络之后，就能轻松地与顾客交流"盂兰盆节打算做什么菜呢"，这样的信息很快就能从 100 多个人中收集起来。

如果能拜托顾客拍下晚餐照片的话，这些照片就能保存下来，并张贴在店里，作为"您是不是还有东西没买"的确认表继续发挥作用。

这些事情，可以说是想更贪婪地"做生意"了。

在制订"销售计划"时，如果有足够多的信息，店长就能自信地确定方针和课题，这也是我断言"亲切服务与市场营销直接相关"的原因。

这种市场营销的手法，对新店拟订商品供应计划也起着至关重要的作用。

首先，将新店录用的小时工按照家庭结构进行分类，让她们拍下家里早中晚餐时的饭桌。

从收集到的大量照片数据中，分析当地的生活习惯，有助于商业模式概念的制订。

还有，要将亲切服务传达给顾客的另一种表现形式是，在收银台上方顾客能看到的地方，挂上收银员自己的宣言，三句左右（例如"今天要以最灿烂的笑容接待顾客""今天要以阳光灿烂的笑容接待顾客"等）。

结合当天的情况，按照其中一句宣言来服务顾客，顾客的印象将会有很大的不同，虽是新店铺，但也能很快拉近与顾客的距离。

高峰期，以节约后厨电力为名，让所有人都到售卖区

要想提升亲切服务，还需要采取以下行动：

①把亲切服务作为企业方针

②干部们率先垂范

③培训，训练

④对亲切服务进行评价，反映到工资上

⑤在地区内定期进行认证的制度

……

再加上员工自己的微笑练习，如果能做得很好了，就要指导他们微笑地向顾客问好。

并保持微笑问好的姿态，让顾客做问卷调查。

不仅是小时工，在店里打工的学生们也要接受这样的训练。

我曾经对要参加面试的学生们说："只要以正确的姿态和微笑接受面试，就能合格。"

而我一直强调亲切服务的原因还有一个，在卖场里，员工不仅要把商品摆出来，还要依据时间积极地推销，这一点很重要。

生意不好的店铺，往往只是把商品摆放好，然后等着顾客来买。

要提高业绩，关键是在高峰时间段里，思考"员工如何出现在售卖区"，还要做精心的安排。

极端地说，甚至要想到"在高峰期里，为了后厨省电，让员工都到售卖区去。这样的话，既能省电又能增加销售额"。

但是，亲切服务需要机制的支撑，以委员会为核心，通过整体的早会，各部门的午会，进行每天的训练，那么每一个员工就能比之前有更强的亲切服务意识。

提出让我们家爷爷奶奶 高兴而又感动的企划

"为什么要开展亲切服务呢？"首先是为了自己。

实际上，羞于改变自己的人，并不是小时工，而是正式员工，特别是那些年轻的员工。

但是，如果正式员工能做得好，那么这家店里的小时工也能做得好。

我作为店长推进亲切服务时，已经达到正式员工都做得很到位的程度了，当时对一个打工的女学生收银员进行了微笑训练、发声练习，包括在收银工作中如何迎接顾客、送走顾客等，她自身非常优秀，做得很到位。

之后，她选择了一份服务业的工作，进入了东京的一家企业。在接受完新人实习研修以后，她写了一封信给我，信里是这么写的：

"打工时，不知道为什么要求这么严格，进入社会以后终于体会到是为了自己。"

还听说，她在实习研修中，经常被叫到学员面前做示范。

到了其他企业也能适用——如果对小时工的亲切服务指导能做到这个地步，那么这家店自然能变得强大起来。

我备受感动，到现在为止也依然小心地保存着这些信件。

其次是"为了自己的家庭"。

其实，超市售卖的正是"家庭的幸福感"。

商品丰富、购买方便，愉快的体验是超市追求的目标，所以也希望我们的员工，家庭生活也是愉快的。员工的家庭如果不幸福，就无法为顾客提出温暖的建议。

正因为如此，我们通过"贴近服务委员会"，赠送给顾客"一等奖奖牌""母亲节帮忙券""父亲节感谢信"等很多手工制作的礼物，有时还让到店的顾客一起参加游戏，等等。

这当中，我还特别地指导了"为顾客创造，提议给家里的爷爷奶奶、孩子带来愉快与感动的事情"。

大家互相憧憬着："等到孩子们长大了，他们会说'小时候经常到这家超市玩'，那该是多么美好的事情。"

当对方遇到困境时，能想到应该为对方做些什么这一点的店铺是很强大的

再次是"为了职场的伙伴"。

我刚开始推出亲切服务时，有小时工因大雨带来的洪水而无法出勤。

于是，让她所在部门的经理去看了看她的情况，她感激地说道："才进公司不到一个月，上司就这么担心我的情况，这是家好企业。"

还曾经发生过这样一件事情，某位小时工的先生阿兹海默症发作，跑到山里不知所踪。

于是，我们拿着这位先生的相片，并记住当天他穿的衣服，让那天休息的员工分工合作，跑了两百多户人家，打听他的下落。

很遗憾，这位先生去世了，他的家人还是向我们表示了感谢。

还有一位上夜班的收银小时工，她的儿子在元旦由于交通事故身亡，丧礼结束后，她一直处于无法恢复工作的状态。

这是一个只有母子二人的家庭，体察到她的心情，我们特地上门拜访，并告诉她希望她能振作起来再回到店里，然而却没有任何转变。

考虑到她儿子当时 19 岁，于是带上和她一起上夜班的打工女学生再次造访她的家。

女学生是这么说的："妈妈，一直郁郁寡欢，您儿子也不会安心啊，您还有我们呢，快点回来吧。"

这位大姐经常被打工的学生们称作"妈妈"，而这名女学生的年龄和她的儿子相近，就像亲生孩子说的话，实在是催人泪下，在一旁的我们都忍不住哭了起来。

像这样，一起工作的伙伴们，当对方陷入困境时，大家互相帮忙想办法，看看能为对方做些什么，如果构建起了这种关系，那么店铺一定坚不可摧。

一旦超市变成"企业优先"就不行了，为什么呢

亲切服务的第四个目的是"为了顾客"。

"员工可以按照自己的意志为顾客而行动"——亲切服务的强大就体现在这里。"大家一起改变吧！一起行动吧！"这种意念如果能传递给顾客，将带来巨大的能量。

前面，我们介绍到"为了自己→为了家人→为了伙伴"三个阶段，如果都做到了，就终于走到"为了顾客"的实践阶段。

当然，这是应对竞争对手店铺的关键核心。

第五个目的才是"为了企业"。

或许大家都知道这一点，但为什么说超市如果以企业为先就不行呢？

这是一段在新店的经历，像往常一样，以"日本第一的亲切服务"这一口号为起点，在开业前的实习期中，我担任店长的一家人气门店所在的商业区，直接受到大雨洪水的侵害。

河水暴涨，山体滑坡，马路裂开，断成了很多截。

我获得公司高层的许可，带上救援物资，平常只用10分钟的路程，我花了两个小时才冒着大雨把物资运过去。

好不容易到了以后，当地的店员惊讶地说："店长您居然过来了，您怎么来的？"

恰好当时，得知一个消息，处在那个商业地段的一个淡水鱼养殖业供货商，他们的水池因山体滑坡被而埋掉了。于是和一起前来的新店部门经理穿着雨衣，满脸污泥地清理水池。

"社长，要早点恢复正常给我们进货啊！"说起来很轻松干起来却很拼命。

部门经理当时刚刚开始接受亲切服务的训练，笑容、问好以及技术方面都还没有掌握到位，但在新店里开始做生意之前，已经践行了有益于其他人的行动。不仅在新店，而且在整个 York-Benimaru 公司都受到了褒扬。

而且，这在实习期间是非常宝贵的经验，大家有了"这是一家对人们有用的新店"的意识，成员们的心气一下子就聚拢在了一起。

从这个意义上，对于作为店长的我而言，是亲切服务准备得最充分的一次新店开业。

开业后，那次在大雨洪水灾害中的对应，也成了大家的口碑，当地商店协会的熟人说："加藤的店开业了以后，整个地区的氛围都变得明快了。"

这家店距开业已经过去了 16 个年头，但现在仍是 York-Benimaru 中具有代表性的人气门店。

"要让加藤店长哭一回"，店里的伙伴现身了，果不其然，完全"败给他们了"

我一直坚持并努力让这家店成为真正的亲切服务门店，六年后，由于调动去了另外一家店，当时他们租了一个婚宴场地给我办了送别会，好多伙伴都来了。

宴会厅的舞台上挂着横幅，横幅上写着"谢谢您的爱与感动"。

半年后，我到任的新店开业了，开业当天，正在开早会，没想到前一家店的同事们突然出现了，伴随着"恭喜开业"的声音，他们还带了一幅相当于白板那么大的海岬之图作为贺礼。

他们就是打着让加藤店长哭一回的主意来的，之前店铺里的店员，来祝贺店长的新店开业，真的太罕见了。当时的场景，让很多在场的高层和董事都很感动。

彻底做好亲切服务，就会带来这样的感动。

第3条 防止缺货（不断货的卖场）

"特卖商品""重点商品"的订货也交由小时工，让她们感受到工作价值，就不会辞职

"销路好的商品要齐全""防止缺货"这两条就是货品齐全的意思。

经常断货的超市是组织不健全的超市。

虽然从"售罄"的角度说，断货也是有可能会出现的，例如，重点商品的牛奶等，宁可有卖不出的货，也要做到随时有货。

而不畅销的商品，即便降价也卖不出去，所以就算缺货

也无关紧要。但这种情况就需要进行"修正和放弃""即使卖不完也要备齐货品"和"直接放弃",要实现这两个极端,需要做这些事情:①**单品管理**;②**聚焦**;③**分工订货**。

①单品管理的原则是对"畅销商品"与"不畅销商品"的管理,如果一个卖场出现了畅销商品断货的情况,那么常常是因为"不畅销的商品妨碍了畅销商品"。

没有确保畅销商品的排面,所以出现了断货。

大家的店里是不是每天都在进行缺货确认?

规定好时间、分种类或者分订货负责人、清点数量,"将缺货情况可视化"。

从把握断货商品的数量,到订货数量的修正,都应该在店长的指导下进行,主管必须参与。

但是,仅提醒一句"要断货了,多注意",是不会触发改善的。

要确保畅销商品的排面,缩小非畅销商品的占用面积——要在参考数据的前提下,持续实施这一习以为常的动作,进而改善卖场。

所以,②"聚焦"就特别重要了。

因为不聚焦的话,就会留下那些不必要的商品空间(需要注意,如果是通过制作 POP 等就能成为畅销品,那么在此之前不要过度削减)。

另外,③分工订货的对象范围分为"定期补货商品""特卖商品""重点商品""末期商品""平价商品""大型活动区"

六类。

无论哪一家店，都号称"让小时工订货"，但仅仅是把面包、豆腐、纳豆这样的商品交给她们，"特卖商品""重点商品"却没有赋予她们订货的权利。

只是小范围的固定商品的订货，不能称为订货。

作为店长，很关键的一项内容是，自己店铺内商品的分工订货，有多少种类是交给小时工的。

承担"特卖商品""重点商品"订货任务的女员工，会感受到成就感，就不会辞去这份工作。与此同时，她们成为一个小部门的经营者，企业自然就变强了。

反之，倘若安排时交代得不充分，即便被要求"订货要准确"，也太难了。

那么，应该怎么做呢？

让一天能卖五十个的小时工订两百个商品，就能提出食谱推荐

举个例子，由小时工下达"特卖商品"的订单，一旦确定了商品，在宣传单初稿校正用的草图上，在该商品处贴上蓝色标签，让她们写上计划数量。然后，在特卖的最后一天，写上实际的销售量，卖断货的商品则贴上红色标签。

这样，断货商品和达到目标的商品就能一目了然。

如果学习了如何理解数据，并养成了填写宣传单的习惯，

相比于主管，小时工就能下达更准确的订单。

　　只是，小时工们以自己的意志决定"特卖商品"的销售数量时，如果要加上商品部建议推销的商品，则需要注意不能妨碍到她们的自主订货。

　　这种情况下，就需要店长、副店长、主管建立起允许她们挑战的环境。

　　除了"特卖商品"之外，"重点商品"的订货也让小时工们尝试的话，结果会非常有意思。

　　例如，能在一天内把某个商品卖出去五十个的小时工，如果让她们订两百个，她们会提出特别多的菜式想法。

　　但如果是男性部门主管做这件事情，就会把视线放在卖场和售卖方式上，向顾客的提案能力会减弱。

　　所以，把"重点商品"交给小时工，业绩将会大有不同。

　　同时，小时工不断积累成功的体验，连商品部认为有商机而推荐的产品，也能按目标卖出去。"重点商品"的订货，还有一点很重要，那就是对比自己店里和其他店铺的销售情况。

　　针对那些在别家店里卖得很好，而自己的门店却卖不出去的商品进行调研，并积极导入新产品。

　　还有，需要把当地活动，当地信息的收集工作以组织化的方式推进。

　　为此，在后厨，贴上以店铺为中心的商圈地图，标注出小时工的居住位置。

然后，让每个人收集自己所在区域的自治会、亲子会的活动信息。

比如，造访自治会会长，传递"通过超市推动当地生活的品质推升"的理念。

这种做法使得超市与各地区的联系变得更加广泛而深入。

店长往往只关注到店里的卖场、商品，但其实更应该放眼商圈的整体情况。

比如，接到自治会会长的订餐需求，如果能想到要回收餐后饭盒，将提高顾客的满意度，顾客有可能再次回购。

当气温超过 28℃时，烤鳗鱼会非常畅销，低于 28℃的话就卖不出去

接下来要为大家讲述的是，在某一家企业门店现场看到的"售罄确认"。

酸奶、甜点这样的商品最近常常断货。

而这个现象标志着这个区域最近有些不一样了。

询问起来，大家说："去年，这里建了一所女子大学。"

所以，把自己的店铺打造成能激发起年轻女性购物欲望的店，面包牛奶日配的销售额不断提升，出现了断货的情况。

地区是在不断变化的。

在老店铺中，一些店面的业绩下滑，是因为所在地区已

经改变了，而店面上架的品类却不做任何调整，无法应对地区的变化。

而这种地区性的变化，在总部办公的买手是掌握不到的。

店长如果不亲自留意地区的变化而改变产品的品类，那么就更没有人能代替他做这件事了。

如果自己徒步走在店铺2—5分钟范围的商圈里，或者开车、骑自行车在地区范围内兜兜风，就能有很多的发现。

另外，"天气""气温"和卖场布置也很有关系。

由于天气的变化，商品销路也会随之发生改变。

商品销路随着气温的升降而变化。

举个简单的例子，烤鳗鱼在28℃以上的天气时，卖得非常好，但气温降到28℃以下时，就不那么好卖了。

所以，烤鳗鱼在冷夏的时候是很难卖出的。

毕竟，气温的变化，让消费者的消费动向产生了极大的差异。

在2月份，如果某个时点的气温超过15℃时，人类的身体就会切换成"夏天模式"。

这时，冰镇商品、中国菜以及冰激凌就开始热销了。

反过来，在8月下旬时，一旦气温降到29℃以内，就会切换成"冬天模式"。

牛肉火锅、炖菜、馒头会变得畅销起来。

因此，需要根据"天气""气温"确定销售数量，消除缺货问题。

要做到这一点，可以准备一张很大的白纸，将温度计画在白纸的中间，在温度计的左侧和右侧，对应温度计的刻度，写下随着气温变化的商品，然后把这张纸贴在后厨，小时工能看到的地方。

按照这种方法，将不同气温条件下的畅销商品进行"可视化"，小时工们就能以合理的方式增加订货数量，使各商品的售卖区扩大范围。

融合"天气""气温"的因素，聆听顾客的声音，并反映到备货作业中去，这是需要重视的一个环节。

身为店长，如果直接询问顾客，要问以下两个问题：

①"除了我们这家店，您还常去哪家店光顾呢（询问店名)?"

②"您在那家店铺经常买什么东西呢（询问商品名称)?"

根据顾客的回答，与自己所销售的商品进行对比，调整备货的比重。

而对收银员，同样要求他们将"每天聆听一位顾客的声音，然后进行汇报"作为工作的义务，以此收集必要的信息。

这么做以后，不仅是对服务方面的要求，包括对商品方面的要求也收集到了很多，这让我们感到很意外。

还有，在店铺内成立"服务记录委员会"，以这个委员会为核心，将写有"我们的成长来源于您的声音"的白板放在店面里，也能起到积极的作用。

结合顾客的意见进行改良，将"After＝改善前"的照片与"Before＝改善后"的照片张贴在店里，提出该意见的顾客如果看到的话，将感到非常高兴。

把各卖场高峰期以后的售罄状态以及完全卖不出去的商品用照片的形式记录下来

要想做到"防止缺货"，有效的方法是将日常业务中的"确认工作"固定下来。

"什么时候""由谁"来进行确认，实施这个动作呢？

比如说，有一位女性小时工，出勤四个小时，负责订购面包。每天下班回家后，特别是傍晚过后的面包库存情况她就不得而知了。

而这个部分沟通交流不充分，会造成每天重复订货。

因此，把这名小时工回家以后在面包售卖区的情景拍摄下来，拿给她本人看，然后再调整订单的数量。

例如"畅销商品放在下层，增加货架排面，将订单提高到三倍的量吧"，或者是"把这部分缩减一下"，将这些情况一并考虑之后再做调整，销售额能提升到上一年度的120%。

掌握这一工作方法的女性小时工，可以指导其他小时工，并成为推进这种范例的先头部队，因此，"防止缺货委员会"把这些作为优秀的事例，以照片的形式展现出来，就能很快地在店里传播出去。

在我担任过店长的一家店铺里，订货的分工很不明确，培训指导也没有做到位，但是通过掌握畅销商品和卖不出去的商品，重新修订店铺内的陈列方式与货品数量，使得缺货现象再也没有发生。

小时工们则将销路好的商品贴上蓝色标签，一般的商品贴上黄色标签，卖得不好的商品则用红色标签标识出来，这样的管理为货架调整提供了非常好的参考。

我曾经工作过的店铺里，鲜鱼售卖区这样的生冷区，高峰期过后就空荡荡的，一些基本的商品就会出现缺货。

因此，将"金枪鱼切片"定位为"高峰期过后也仍然有货的商品"，将分切好的金枪鱼，力求在每天下午的6点钟卖出去。鱿鱼也是同样的操作方法，这样一来，不仅保证了高峰期的销售额大幅提升，高峰期过后的销售额也增加了。

另外，在精肉区，作业计划将人员绑定在了每一项工作中，会造成"被要求干这个工作的感觉很强烈"，特别是主管不在时的高峰期，经常会损失掉推销商品的机会。

因此，通过观察数据，试着重新修改作业的日程计划，缺货问题就能得到很好的解决。要点是无论哪个售卖区，都要拍下照片，供员工查看和参考。

在超市行业，店长需要让各个部门的主管提供关于年末年初、圣诞节以及其他节假日活动验证的总结报告。

主管们常常会附上"最大陈列数量"状态下的照片，写上销售数量、点评，形成总结报告。

但是，仅凭这些内容，实在称不上是真正的总结与反省。

店长与副店长，要认清这个问题，将各售卖区高峰期以后的缺货状态的照片，完全卖不出去的产品拍摄成照片，然后让各主管针对这些现象写下点评。

要将缺货的原因，相比于计划数量，还需要进货多少，商品·SKU 值以及数量、品目记录下来。而完全没有销路的产品，要推测"为什么卖不出去"，并记录相应的原因。

超市的现场中，经常听到这样的声音："销售计划做得很完善，实际验证可不怎么样。"所以，这样的"反省"是非常有必要的。

最理想的情况是
小时工能自行确定数值

最近，工作时间内的时间管理变得非常严格，部门主管由于下班早，"不了解晚上情况"的现象越来越多。

"夜晚的状态"如何通过有效的沟通，有助于下一轮的售卖，我们很有必要思考这方面的机制。

比如，卷心菜涨价了，既然价格高了，晚上就会有很多余货。

那么就必须在下班回家之前，确定好哪些商品在第二天可以设定较低的价格，并设定为什么程度，如"打七五折""打五折"。

第二天，与小时工们共享这些信息，为了让大家认可并行动起来，需要把前一天夜晚卖剩下的商品拍成照片，保存下来。

大家看了这些照片，尽量让小时工们自己来决定数值，这是最理想的。

为了实施这些"防止缺货"的措施，成立"防止缺货委员会"，并事先确定时间，比如"每月第二·第四个周二的上午 11 点半——"，以这样的形式开展活动是比较有效的。

这个委员会，就是女性小时工们反复建立假设并验证的机会，而且活动过程做到了可视化，使得员工们的意识也逐渐增强。

在这里为大家讲述一个我做指导时的案例，这是一个由"防止缺货委员会"诞生的特别有意思的想法，事情的经过是这样的。

在缺货状态持续一两天的售卖区，会张贴出给顾客的致歉卡片。

连续三四天都出现缺货的售卖区，则用橙色，五天以上的则是红色的致歉卡片。

虽然顾客们接收到的是道歉，但将目光更多地投向了这些售卖区，而且缺货的天数一目了然，对店铺来说，真是个一举三得的做法。

有的店铺正是通过上述方法来改善缺货问题的。

在备货方面，我们一直强调"开店时达到100%的备货率"，我担任店长时，采用的思路则是"达到最大陈列量并非绝对必要的，更重要的是各个时间段的销售要与生产量一致"。

而货品上架经常延缓的店铺，比如说鲜鱼售卖区，负责人员在早上7点上班，开门营业是在10点钟的情况下，从7点到10点为止，对每15分钟都进行了哪些操作，先尝试记录下来。

由谁、在什么时间之前、准备好几份货品，包括卸货、补货等开店之前实施的操作都要记录下来。

把这些内容作为基础数据，从这些基础数据中了解到，到底在什么时候、准备好几份货品最合适，这样就能集中精力进行开店准备了。

也许这些工作会集中由特定的人员来进行，因此这些基础数据要拿给负责人员看，并让他们思考到底哪里出现了问题。

"刺身的切片，需要花多长时间，每次准备多少袋"等，需要部门主管亲自分析，从而实现工作的高效，使备货工作能尽快完成。

梳理出来的作业内容，不仅要靠开店时的早班成员来修订，晚班成员也应该共享这些信息，重新看待"交班""海报制作及张贴"等工作的职责分工，就能逐渐做到开店时备货率100%。

将小时工培养为每个人都能承担两三项工作，这也是避免被竞争对手冲击的对策

总之，要做到从开店，到高峰期时，熟食、成品能在恰当的时机备齐，这需要将部门内部操作横向地进行分工。

比如说，负责贴价格标签的小时工，通过培训，掌握刺身切片的操作，或者负责打包的小时工，学会一整条鱼的卸货等，将每个人培养成能承担两三项工作的人才。

如果不能在开店前及时完成备货作业，这样的店铺就会在与别家店铺的竞争中落后。

原因在于，为了满足当天顾客的需求，备货要进行机动的调整，这就需要开店时的备货操作能够更加便捷。

所以，我在某家店铺指导竞争对策时，最先让他们改变的是工作计划，力图实现在开店时达到100%的备货率。

然后，又把改善的着眼点放在了傍晚的蔬菜水果售卖区，改善"熟食、成品"的提供。

当时，负责人是在下午两点左右吃午饭，但这个时间安排，无法实现在傍晚将需要的熟食准备齐全。

因此，除了这两个负责人外，还需要能进行同样操作的小时工，所以让一个人掌握多种操作，单单做好这一点，就

能有效地应对竞争了。

在备货方面，即便试图采取什么特别的对策来赢得竞争，而不去对工作日程进行调整，一味地做加法，是无法使业绩提升的。

在一天的工作流程中，形成与顾客对应，竞争对策直接相关的姿态，才是实现好评如潮的关键之处。

这也是店长这个角色所需要思考的关键。

第4条　新鲜度管理（追求鲜度与味道）

"站在顾客的角度，如果觉得这是不好的商品就不卖"，确认时要坚持这一原则

超市中"新鲜度管理"的要点是"比任何地方的新鲜商品都齐全""维持进货商品的新鲜度""遵守保质期"。

特别是生鲜食品的库存天数，蔬菜是 0.7 天，肉类鱼类如果不控制在一天以内，就会不新鲜。

这些数字看起来非常严格，但如果不做到这个程度，就不能说"新鲜度有保障"。

减少库存天数的基础是"订货"。

首先，制订"这一天，要制作多少个这个商品售卖出

去"的计划，"因此，就需要订购多少数量的原材料"。

如果订货没有和销售计划联动起来，就会产生多余的库存，或者相反地，会产生库存不够的情况。

所以，订购原材料的时候，必须确认每天的销售计划。

订货批量过大，进货量超出店铺的销售能力，是产生过剩库存的原因之一。

成本低的商品，出于"反正是特卖"的原因而大量进货，也有可能导致变质。还有从总部发送过来的粗略计算的计划，也是产生过剩库存的原因。

要提升新鲜度水平，"日期管理"与"彻底做好新鲜度确认"必不可少。

"站在顾客的视角，如果觉得是不好的商品就不进行售卖"，要树立起坚持这一原则的检验姿态。

把顾客看了就不想买的商品从售卖区撤掉，是一件非常需要勇气的事情，但是我仍然建议大家尝试一下。

假设卷心菜"一个的价格是 198 日元"。

如果这里面有一些个儿头很小，或者个儿头一般但重量却很轻的卷心菜，就要想一想"顾客会买这些吗"。

我会对小时工说"当自己成为购买者的角色时，请把那些不想购买的商品全部下架"，小时工就会把这类商品撤出售卖区。

蔬果区的主管曾经问过："为什么新鲜度还可以就要下架?"这是因为要做到正确的质量管理。

如果自己站在购买者的立场…

女性小时工具备顾客的视角

　　所以，在后厨要对每一件商品进行甄别，不符合售价的商品要撤换，将大尺寸改为一半或者四分之一的尺寸进行出售。

　　我过去也负责过蔬果区，却没有站在顾客的角度开展新鲜度确认的工作，而是觉得"既然新鲜度没有问题，那么这个商品依然可以出售"。

　　"销售的结束点是顾客食用完毕的那一刻"，然而我们却认为"只要卖出去，销售行为就结束了"，所以快到保质期的商品也会陈列在售卖区里。

　　我还记得的，就是当天傍晚，收到了顾客的投诉。

　　由于自己无论如何也无法从卖家的思维中抽离，所以让其他部门的女性小时工撤下她们自己不想购买的商品，虽然有些不甘心，但自此以后坚持认真做好质量管理，尽量不产生过剩库存，而卖完以后也同样坚持这样的原则。

思索"刺身应该如何切片，才能让顾客愿意购买"时想到了认证制度

如果没有按照前文的做法把需要撤掉的商品撤下来，那么售卖区就会变成"寻宝区"，顾客就会意识到只有往下翻找，才能找到价值更大的商品。

这样一来，光顾这种售卖区的顾客就会越来越少，顾客盈门的店铺，陈列的商品一定是经过仔细挑选的，保证商品质量均等。如果能做到这一点，就能产生利润。

即使在鲜鱼售卖区，例如重量一样的"秋刀鱼"，一件25 条的规格里，也有的是 22 条的。所以，还是需要进行挑选，扩大 SKU 的幅度，获得交叉利润。

我担任店长时，在这方面取得过巨大的成效。

竞争店铺的金枪鱼售价是 100 克 158 日元，但是在制作商品时，有三角形的边料，还有的边料带着肉筋，不统一。

但是无论怎么看，都和自己店面里的金枪鱼质量差不多。因此，我指导员工们按照托盘的形状来切割金枪鱼，比如说四方形的托盘就切成正方形的，长的托盘就切成长条状的，还要切成近似于羊羹的厚度才能卖给顾客。

然后定价为 100 克 198 日元，和竞争对手的 100 克 158 日

元相比，到底哪一个更有价值呢？

那一天，我们的店铺卖得特别好，是因为我们将形状不吻合的商品通过切掉边角、裁切等，变成了能够产生利润的商品。

这种"打造有价值商品"的做法，源于新鲜度的确认。

另外，我还在自己的店铺内，设立了"为了实现在竞争中取胜的认证制度"。

这一想法的发端是，并非鲜鱼部门出身的我，偶尔看到由于卖不出而退回到后厨的"刺身拼盘"，不禁想："到底应该如何切片，顾客才会买这一份刺身呢？"

现在，在很多超市很流行的一种做法是，针对刺身、切片的拼盘方式，从顾客的角度进行五分制的评价。

将速度、步骤、商品包装、卫生管理等用雷达图的形式总结出来，为每一个制作人员创建培训记录本，通过认证的积累，大家都能达到接近 5 分的水平。

当时，选择了 12 件商品，每天让每个人进行认证，坚持做下来，我们店里的女性小时工确实要比竞争对手的员工做得更好。

而这一做法，也被证明了同样适用于精肉区的切肉作业、蔬果区的水果切盘、沙拉制作，是真真正正地做到了"商品的差异化"。

在总部，我汇报了这个事例，当时，上司还说道："连不是鲜鱼部门出身的加藤也能做到这个水平，实在有趣啊。"

而在之后的第二年，建立起了由专业训练师制定的刺身认定基准。

这一点也是从"顾客不想买的东西"中学习到的，将不想购买的东西"转变成让顾客有购物欲望的东西"，这和培训以及业绩改善息息相关，在生产效率方面，改善的效果比任何措施都要大。

对店长来说，最幸福的事情就是没有接到投诉，我自己常常在休假的时候，接到店里的电话，第一反应就是："不会是投诉吧。"

在某次店长培训班里，我讲解了"让其他部门的女性小时工确认是否有不想购买的商品"这一思路，有些店长回去以后马上就进行了实践，其中的一位还联络到了我："我们已经实施半年了，新鲜度方面的投诉一直为零。"

当时，电话里的声音充满了喜悦。

各部门派出代表的小时工
成立"新鲜度管理委员会"，效果更好

除了上述内容，在新鲜度提升方面还应该做好两件事情。

①通过提升订货的准确率，提高库存周转率

②缩短从制造到销售的进货期限

要点是，摒弃原来早上一次性进行大量生产，高峰期过后打折出售的做法，转变为结合每个时间段的销售数量，制订生产计划的做法。其中，裁切方法、复苏方法等培训也很

重要，还需要安装合适的上架设备。

我曾经负责过的一家门店，生意特别好，在邻近的地方有一家生产商直销店，那家直销店的生意也非常好，曾导致我们店铺里的水果销售额直线下降。

因此，我判断"直销店做的是上午的生意"，于是采取了将傍晚出售的商品重新成型，去除包装后上架出售的方法。这么一来，销售额数字恢复了很多，还开拓了晚上的市场。

要想店铺整体提升新鲜度管理的水平，需要"用多个视角来观察，彻底做好管理"，为此，要求每个部门派出代表本部门的女性小时工，成立新鲜度管理委员会，这样能取得更好的效果。

委员会的成员会定期巡检新鲜度情况，记录相应的内容并向各部门展示，不仅是售卖区，还有后厨，都要经过小时工的亲眼确认。

将这一机制真正地落地，新鲜度管理委员会要将"（顾客）不想购买的东西"从售卖区撤除时，必然要进行商讨，确认撤除的理由。

还有一种特殊的场景是，当管理高层巡视店面时，也会实施新鲜度的确认，如果能够督促店铺里多加注意，那么这家店铺的新鲜度管理将有更进一步的提升。

第 5 条　食谱推荐（每天的菜单推介）

看到卖场的女性小时工们感到非常惊讶，"太厉害了，真的可以做到这种程度吗"

超市里的顾客，70%—85% 的人在进店时，并没有确定今天的菜单。

主妇们最大的烦恼就是晚餐的菜单，因此有"食谱推荐"的店铺能得到顾客们的青睐，到店的频率也会有所增加。

要提升食谱推荐的水平，可以列出这些事项：①店内烹调卡的一体管理（作为资料保存下来）；②重点商品必定附带菜单；③制作菜式样品；④安排烹饪顾问；等等。

更进一步说，加强定期的促销活动（＝生意好时共同开展）也很重要，这和顾客数量的增加有着直接的关系。

我之所以能让食谱推荐长时间持续下来，关键在于把"重点商品的销售"作为目标。

在超市里，"重点商品"是每个企业每月都要推出的，只要确定本月需要重点销售某一种商品，那么就必须准备好使用这种食材的菜单。

我在某一家新店担任店长时，这家店开业以后，由于业绩非常好，经营高层夸奖我"不愧是加藤"，当时很高兴，结果三个月后，销售额就跌落到了噩梦般的谷底。

这一次，我受到了严厉的训斥，"你到底在干什么！"

于是，我开始发愁"如何才能把业绩提上去"，在开店的半年后，试着重新定义了概念，并确认了相关的数据。

当时，常被上司指责"这家店，重点商品总是在 100 名开外啊"（当时，York-Benimaru 一共有 116 家门店）。

确实如此，我采取的是新店的运营管理方式，正是带着"小时工们还没有培养起来，大概也就这个程度了"这样的想法，才导致了销售额的低迷。

因此，我带着小时工们来到了 York-Benimaru 重点商品销售额排在前列的店铺。

当她们看到卖场时，都感到特别惊讶："太厉害了，真的可以做到这种程度吗？"

我正好有一句一直想说而还没有说出口的话。

那就是："百闻不如一见。"

小时工们在亲眼看见卖场的那一瞬间，就不经意地自我鼓励道："我们的店也要试试这么做！"

由女性小时工们实施"中途确认"，涌现出了正式员工们想不到的提案

最近开展活动的对象是"即食裙带菜汤"。

这是在靠近海边的店铺实施的，所以曾经以为"加工裙

带菜之类的肯定卖不出去",但是如果这个商品能达到销售额第一名的话,将会带来巨大的价值,因此选择了它。

在过去,这件商品达到销售额第一名的店铺,PI 值以我们店里的顾客数量为参照的话,相当于 600 个。但是,要成为第一名,需要做更多的推销,所以只订购了 1000 个。

这 1000 个是从周一到周日为止的销售数量,在销售开始前的周日,把卖场做了一些调整,以符合 1000 个的销售目标。

在第一天,也就是周一,虽然卖得不错但还是差强人意。周二时,把所有小时工召集起来,而小时工的午会地点(每个部门一位)定在了裙带菜售卖区。

之所以特意把其他部门的女性小时工也召集过来,是因为需要融入其他部门的视角,进行共同讨论。

让大家提供菜单想法时,就有一位小时工说道:"现在是考试的季节,我儿子在努力复习准备考试,如果能在裙带菜汤里加入甜饼的话,他吃起来应该会很开心。"

刚开了个头,就有人说道:"我们家是放饺子呢。"说着说着,话题的范围也逐渐变大了。

那就索性把这些内容作为每日推介,同时追加了订货,最终卖出了 1200 个左右。

第二名的销售额是 700 个,所以第一名遥遥领先。小时工难掩喜悦地说道:"店长啊,不是卖不出去,而是咱们没有主动出击地去卖啊!"

创意菜单带来丰收、丰收

当时还想到了"能否在店里打造几个排名第一的部门"。

以这一点为目标坚持努力，在一个月的时间里，所有部门都达到了第一名，业绩自然就上去了。

之后再看到销售计划时，对计划阶段中的预算构成比例不禁充满了疑问。

既然是按照销售出去的数量进行订购，却几乎按照以前的预算制订计划，这么做，业绩怎么可能会有改善呢？

当然，我们无法对所有商品都发起挑战，但是对被确定为"重点商品"的策划，会制订出相应计划，并努力实现。

首先，制订每一天的重点商品计划，确定一些诸如"今天卖 100 个""明天卖 150 个"的具体目标。

当然，实际销售量会与目标出现差异，比如当销售量小于目标时，第二天就必须多卖一点。

举个例子，到了周三，只卖出去了 120 个，离 1000 个的目标还有 880 个，那就必须在这周剩下的四天内，卖出这 880 个，"那么应该怎么做呢?"

遇到这种情况，通过每天进行假设和验证，再加上食谱推荐，到最后，目标仍然能够完成。

究其原因，这种"中途确认"让小时工来实施，可以以一种主妇的直觉来进行菜式推介，而这种感觉是正式员工无法捕捉到的。

但是，想要将单次的卖场布局一直沿用下去，这是几乎不可能的事。

"试吃推销"的目的在于能得到来自顾客的认可，让他们觉得这是一家富含"提案""信息"的店铺

曾经有买手提议，春分的重点商品应该是"高野豆腐"。

于是，在销售期间，有小时工提议自己和女儿在家做的高野豆腐甜甜圈。

将试吃品和菜单一起放在店面时，炖菜与制作甜甜圈用的食材，销售量都增加了，成为全店的第一名。

买手是不可能告诉你"用高野豆腐做甜甜圈吧"。

在"永谷园的茶泡饭"被定位为重点商品的时候，我判断"茶泡饭很难拿到第一名，这次放弃好了"，结果这位小

时工说："不，店长，没关系，我有信心。"

提案的内容是，运用茶泡饭原材料烹制章鱼烧。

做成试吃品后，顾客说"有一种茶叶的味道呢"，于是卖得越来越好，变成全店铺的第一名。

这种程度的食谱推荐，范围涉猎很广，而且内容也越来越有趣。

要想实现在所有店铺中排名第一，要领是，如果是以前实施过的商品，要通过买手掌握第一名店铺的"PI值"到底有多少。

PI值能体现到底有多少人购买了重点商品，所以在制订计划时能够借鉴参考。

然后，根据PI值，以及自己店铺销售期间的预计顾客数量，来计算销售件数。

当然，如果确定的"最大数量"没有超过第一名店铺的件数，就无法成为第一名，所以不要去判断"我们店卖不出去"，而应该和大家一起思考"怎么做，才能引起顾客的购买欲望"。

一旦下定决心这么干，那么就以过去未达到的数字为目标，通过中途确认，修改提案的内容，调整卖场，展示POP，食谱推荐，菜单准备，还有试吃，来向顾客传递。

这种食谱推荐的延长线，便是在店里成立"食谱推荐委员会"，针对到底制作什么样的提案，拟订计划并落实推动。

这当中，要根据主题选出最值得推荐的商品，和打折商品、关联食材进行共同销售。

还有通过样品展示，提供试吃机会，将建议的菜单向顾客强力推荐。

原本，"试吃推销"的目的是让顾客认可店铺，认为这家店"能够为我们提供建议"，是"信息量丰富的店""质量有保证的店"。

除此之外，通过"试吃"，让顾客有一种"占了便宜的感觉"，而有店员服务的试吃，可以通过对话让顾客兴奋起来，最终使顾客的购买件数持续提升，并增加固定顾客。

经过实验发现，将试吃的产品在没有实施试吃促销和实施了试吃促销的情况下进行对比的话，后者相较于前者，整体金额为前者的291%，销售数量为304%。

其中，自助试吃方面，金额为167%，销售数量为171%，有店员推荐的试吃，金额则为449%，销售数量为472%。

而厂家的促销员如果在场的话，这个数字就更加可观了，所以有工作人员服务的试吃是非常有效果的。

现在，有烹饪功能的店面变多了，从这个数字来看，聘用人员时录用一些适合做试吃促销的人，对门店能发挥很大的作用。

所以，店长设置专门负责试吃的小时工，让她归属于店长室，转战于各个卖场，比如"今天是鲜鱼区，明天是精肉区……"然后看看到底能产生多大的效果，尝试这件事情，本身就充满了乐趣。

借助小时工的智慧，
果敢地挑战，就会提升业绩

这一节要讲到新店铺的一个事例，在这家店的前面有一个规模很大的工厂，而周围却没有什么人居住。

为了收集信息，我们到工厂进行参观，确认了工厂员工的班次，男员工每天三班倒，女员工则是下午五点下班。

为了让这个工厂的员工在下班时，顺便光顾我们的门店，所有部门从下午五点半开始，就开展"熟食·成品""试吃促销""相对值得推荐的商品"等活动，和我们盘算得一样，营业额的确上升了。

生鲜部门、蔬菜、寿司、烘焙等在料理区制作商品，虽然是女性小时工的工作，但是这个时间段里，她们会在工作中加强"主动推销"的意识。

超市本来是自助型的业态形式，但我认为真正做买卖应该是这样的。

在我的店里成立的"食谱推荐委员会"中，各部门重点商品的"可视化"也做得很到位。

绘制出能看出销售数量与达成率的图表，展示在后厨，告知大家负责重点商品销售的小时工们对食谱推荐的贡献情况。

在此基础上，将最佳的十个实例以照片形式展示在所有人面前。

为了不断增加进入这十个最佳实例的小时工人数，采用了每天上午 11 点开始的"小时工午会"机制。

　　在这个午会中，开始销售重点商品的周一，所有参加成员要确认卖场。

　　而在周二、周三、周四则要进行"中途确认"，目前在整个店铺里排第几名、这之后应该怎么做等，进行简单的确认。

　　周四会确认公开宣传单上主打商品的卖场，周六则会进行下周重点商品的销售计划。

　　通过这样的机制，女性小时工就能够每天在电脑中自行确认自己所负责的商品数值，而每天的会议，也不会流于形式，避免墨守成规。

　　但是，每一年的年末年初，还有盂兰盆节是最体现地域性差异的时候。

　　我们会让擅长烹饪的女性小时工以"我家的招牌菜"为主题，介绍节日料理的菜单，或者在"烩年糕·炖菜·煮黑豆·炖鱼"等菜中做一些推荐。

　　还有，要销售不同地区产的"豆酱""酱油"这一类料理必备品时，主打家乡的味道和富有地域特色的食谱推荐，也能够体现出温故而知新的新鲜感。

　　总之，按照能卖出的量来进行订货是提升不了营业额的。

　　要借助小时工们的智慧，大胆地迎接挑战，才能提高业绩。

第 **2** 章

超市店长的"工作循环"

早上光顾店铺的是"老年夫妇"呢，还是"家庭代表"？"中途修正"要关注到这一点

顾客是带着对超市各种各样的期待而光顾店铺的。

"卖出去了""没卖出去"，是衡量是否满足顾客需求的标志。

在第一章中为大家介绍的"五个基本原则"，是让大家了解，要让顾客满意，应该做哪些事情。

而如何将使顾客满意的"五个基本原则"，通过日常工作来实现，是我们第二章的主题。

说得直接一些，就是"五个基本原则"要通过本章中介绍的"工作循坏"落实到实践行动中去。

图表②具体展示了"超市的工作循环"。

超市店面里的工作循环正如图中所示，从"信息收集"开始，制作"销售计划"→"订货会"→"打造卖场"→"中途修正"→"验证"，再回到"信息收集"，以此循环。

收集类似商圈特性、天气气温、陈列台账、行情之类的"信息"，制定出的**"销售计划"**中，核心内容是通过收集起

图表② 超市的工作循环

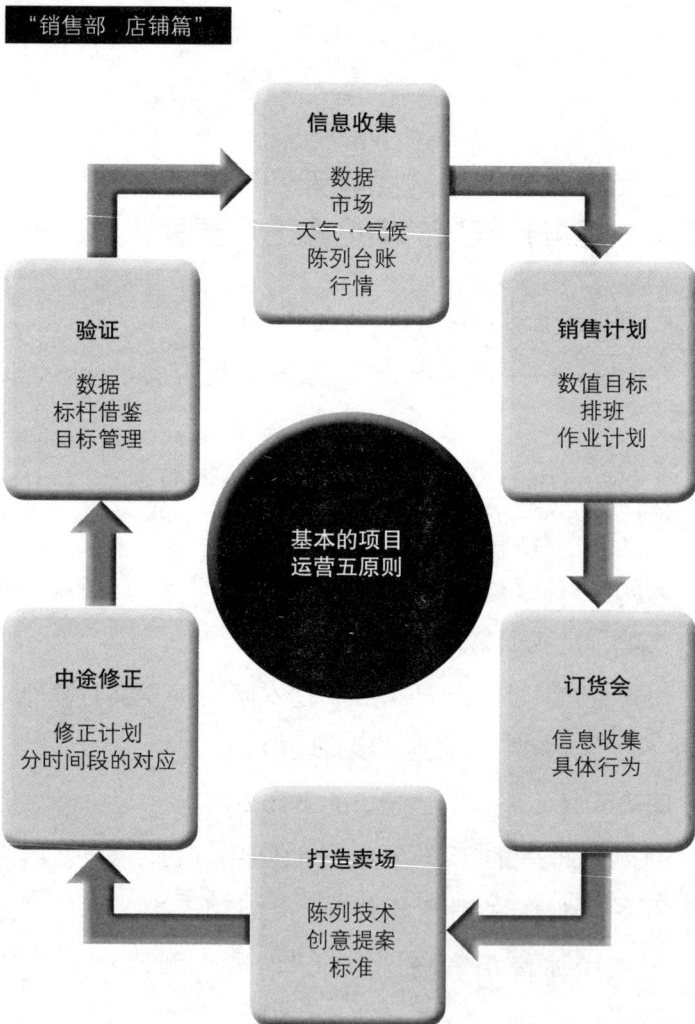

信息收集

数据
市场
天气·气候
陈列台账
行情

销售计划

数值目标
排班
作业计划

验证

数据
标杆借鉴
目标管理

**基本的项目
运营五原则**

订货会

信息收集
具体行为

中途修正

修正计划
分时间段的对应

打造卖场

陈列技术
创意提案
标准

来的信息，建立什么样的"假设"。

如果不建立"假设"，即使规划了要销售的数量，也只不过是一些零散的数字而已。

要基于假设，从顾客的角度制订销售数量目标，然后依次安排作业排班、计划，是最理想的。

然后，在**"订货会"**中，每个部门哪怕只有十分钟，也要召集员工、小时工，倾听他们对"销售计划"的意见。

"主管，即便做了这些事情也卖不出去，顾客是不会买这些东西的"，得到这样坦率的意见很重要。

做到这个层次的沟通交流以后，**"打造卖场"**就能尽早开展，而在陈列方面的创意提案也就自然地产生了。

接下来的**"中途修正"**是指修正"销售计划"，主要是通过这一步骤，将计划的数字调整为更准确的方向。

我甚至认为"到底以多大的执着进行中途修正，将决定这家店铺的销售力"。

比如说，提到"大量销售的诀窍"，"分时间段推销"非常关键。

当然，每个时间段到店的顾客都是不一样的，早上因为是老年夫妇居多，所以要排列好蔬菜、便当。而到了傍晚的高峰期，下班后的年轻太太们比较多。如果家里有孩子正处于特别能吃的阶段，则要进行中途修正，必须备齐让一家人都能吃的食品。

但是，即使简单地定义为"老年顾客"，也有可能是

"丁克家庭"或者"三代同堂"，那样的话购买方式就又不一样了，这一点必须注意。

若是前者，从早上开始准备一些"小容量商品"就是合理的，但假如是后者，那就是"早上作为一家子的代表来购物"的可能性很高，这种情况下就需要集中购买大容量的商品。

需要留意这方面的情况，然后进行"中途修正"。

然后，要对"中途修正"带来的结果实施**"验证"**。

如果仅对数字进行"验证"，就会得出类似"比想象中卖得好""卖得差不多了"这样冷冰冰的结论。

我们要避免这样的现象出现，如果不以客观的视点"验证"这个"假设"到底是否成立，就没有任何意义。

以上内容，就是图表②"超市的工作循环"的概要。接下来，我们针对每一个步骤进行深入的说明。

超市的工作循环①

在"信息收集"中，让女性小时工将自己家里的早餐、午餐和晚餐拍成照片

"信息收集"的要点是：①**"数据分析"**；②**"市场分析"**；③**"天气·气温信息"**；④**"陈列台账"**；⑤**"行情的把握"**。

①**"数据分析"**，虽然去年同期的销售额、利润等数字

是数据分析的对象，但这里要提醒诸位注意，千万不要陷入"去年对比主义"里。如果仅是对比去年的销售情况，这样的店铺往往无法超越过去的成绩。

例如，"重点商品销售"等，在所有店铺中排名第一的店铺，如果只是与去年作比较，销售额是难以上升的。

即使在去年排名第一，但如果抱有"卖得更多"的意识，而且是符合今年流行趋势的商品，那么有可能单品就相当于去年1100%的销售额。

②"市场分析"，是指通过问卷调查，收集最近光顾店铺的顾客信息，例如"餐桌照片""购物欲望调查""家庭成员收入""生活信息"等。

再加上店里女性小时工提供的信息，横跨部门的门店生活信息委员会提供的信息，总部以主妇为对象收集的评论信息、厂家信息、媒体信息等都可以拿来做参考。

在新的地区开店，地区内顾客的生活形态和习惯是怎样的，其实连总部也并不了解。

我在担任一家新店的店长时，对录用的小时工，按照家庭结构做了分类，然后拜托他们把自己家里的早餐、午餐和晚餐拍摄成照片。

运用这种方式，调研当地的人们如何生活，饮食习惯又是怎么样的，根据获取到的信息，拜托买手将本店想要售卖给顾客的商品采购回来。

这种具体的市场分析发挥着至关重要的作用，依赖于过去其他店铺经验的做法并不能为我们带来好的结果。

③"天气·气温信息"，这个含义大家都能理解，但是这一信息将使商品出现巨大的变化。销售计划是以周度为单位制订的，但对于天气、气温这样每天都有可能变化的要素，也需要敏锐地对应。

从全国的平均值来看，下雨时会减少 5% 的顾客，下雪的话会减少 10%。

销售额是由"顾客数量×顾客单价"得出的，所以在编制进货计划、销售计划时需要考虑到顾客数量。

比如说盂兰盆节，今年与几年前的盂兰盆节日期相同，那么那一年同期的天气、气温是什么情况，销售业绩如何，这些情况都要调查。

然后，再预测今年的天气与气温情况，完善销售计划。

店长的一个重要工作是进行"顾客数量的预测"，如果能预测出大概的数量，那么销售额也应该能够预测出来。

④"陈列台账"是根据各时间段到店顾客数量，制定出的商品计划。

结合顾客的画像，制作台账，制作出来的结果是否符合早上、中午和晚上的假设，要不断地进行验证。

某件商品所在卖场的顾客停留率是否有所提升，要收集这样的信息，包括早上整理好的卖场到了傍晚会有什么变化，这些都是一个场景再现的过程，所以非常重要。

⑤"行情的把握"，是指基于"买手提供的行情信息"

"菜市场视察""竞争店铺的价格调查"，规划自己店铺的每一件商品的单价，提供的批量，SKU 的建立方式（SKU 是对于生产者、流通行业来说最小的分类）。

我在担任店长时，应对竞争对手的措施是每周要去一次生鲜食品的市场。

然后确认卖场是否能够战胜竞争对手的店铺，并探讨部门经理到底能激发多少市场感觉。

视察市场、调查价格并不只是对价格进行调研，因为"店长是最了解当地的人"，在制订销售计划时应是最能够提供参考意见的顾问，所以店长需要在实际看过之后，采取对策，这才是关键所在。

店长能对各部门的销售计划进行建言的是 SKU 的部分，而对于部门主管，如果没有确认平日的商品尺寸、周末的商品尺寸，就是在没有考虑所在地区特点的基础上打造卖场。

超市的工作循环②

"销售计划"如果只是一个特卖计划就太不称职了，要加入利润商品，实现总体利润

销售计划的编制有三个要点。

第一个要点是"量化目标"。

这次的活动是在和几年前的同一天举行，当年的天气、

气温如何，过去三年的趋势又是什么，掌握这些信息，预测每天的顾客数量。

会有什么样的顾客光顾自己的店铺，店长和主管进行沟通，根据"各时间段的顾客层""到店顾客的年龄层""家庭结构"这些信息，讨论符合商品计划、家庭结构的SKU，对商品进行具体的搭配。

经常看到的是"只有特卖计划的销售计划"，这样的销售计划无法让企业挣钱。

关键是，既有特卖，特卖商品的旁边又设置利润商品，然后制订出能使总体产生利润的销售计划。

这才是真正的"销售计划"。

无法达到利润目标的店铺，虽然会将责任归咎于决定进行特卖的总部，但如果店长能够下达指令，制订出考虑销售额及利润结构的SKU计划，就一定能完成目标。

在销售世界中经常被提到的经验法则，"在整体中占比20%的商品，能创造80%的销售额"，把这一点谨记于心，是成功的关键。

第二个要点是"排班计划"。

按照作业量（＝生产量），确保相应的人员，这是分内之事，假如"销售计划"中有较大的挑战目标，店长要向其他部门提出支援申请，保证必需的人员。

举个例子，假设"金枪鱼切片"是重点商品，而目标生产量仅依靠鲜鱼部门无法实现全店铺第一名，因此需要集中各部门的成员，安排排班任务。

我担任店长时，服装部门的主任抱怨说："我们部门的小时工被叫去鲜鱼部门帮忙了，给我们造成了麻烦。"

但我是这么说的："如果你不了解生鲜产品，在我们企业是做不了店长的。既然是活动的主打商品，就希望能得到你的帮助。"听了这一番话，这位主任决定伸出援手。

从不同的部门飞奔而来

通过这些活动，让其他部门过来帮忙，"在活动中应该卖什么商品呢""需要什么样的主力商品"等，正因为是其他部门的支援，所以能够客观地看待这些问题并有所收获，即使不是生鲜部门出身，也能够体验生鲜部门的售卖方式。

从这个意义上说，店长的排班里加入其他部门的成员是有益于门店的。

当然，店长必须时刻考虑符合销售预算的人员配置。

"人很多，销售额却无法上升"，这种现象就是问题，而"销售额上升了，人员却很少"，同样无法创造一个优质卖场。

所以，将每天的人员配置"可视化"出来，然后每天绘制图表，让排班问题显而易见。

第三个要点是"作业日程"。

按照一天的流程来梳理，就是"早上开店时齐货率达100%"，要做到这一点就需要做好"开店前的装袋作业""POP 制作""陈列器具变更"等。

还有，根据不同时间段顾客层开展的"卖场调整作业"，在高峰期时进行"熟食成品推销作业""演示促销""店员推荐的试吃促销"等工作。

另外，傍晚以后的操作有"确认夜晚的齐货状态"。

在这一步，要将晚上的售卖区状态用照片拍下来，和销售计划的差异就能实现"可视化"，而第二天的沟通交流也能够顺利进行，卖场也能尽快地得到改善。

按照"数值目标""排班计划""作业日程"三个要点，制定出的"销售计划"，和店长有着极其密切的关系，甚至可以说"失败了就是店长的责任"。

担心利润下降的上司，他的部下也无法成长。

创建一个大家都能大胆地、尽最大努力进行挑战的环境，将关系到"是否能成为一个有本事的店长"。

为了与各部门主管共有化目标并实现目标，"销售计划会议"需要注意七个确认要点

在我指导的店长中，他们经常提道："加藤先生您在担任店长时，销售计划会议是以什么方式开展的?""请告诉我们销售计划会议的有效方式。"

销售计划实施的方法，将对业绩产生巨大的影响。而我在指导销售计划会议方面的内容时，要求大家确认七个要点。

首先，店长的销售计划会议进行方式，有两种类型。

一种是店长与主管，以一对一的形式，单独实施。另一种则是将全体人员召集到会议室进行。

我采用的是第二种方式，把所有人集中起来，向大家传达店铺整体的课题，以及作为店长所指定的目标，并确认每一个部门主管的发言。

在这种方式中，没有轮到发言的主管或许感觉到这是在浪费时间、效率很低，但是全体人员一起参加还是有其必要性的。

例如，蔬果部的主管发表时，会让加工食品的主管进行点评，使得菜单与关联商品的销售相吻合。而鲜鱼主管提出重点商品要挑战最大目标时，在需要人手的情况下，则要看服装部门与家居部门能否提前完成本部门的工作，然后过来

支援等，这些都是在销售计划会议上要讨论到的内容。

通过销售计划会议中的有效沟通，将店长的课题与各部门销售计划的实现形成共有化。

还有，在销售会议中，店长必须确认的要点有以下七项。

1. 主管、小时工们的计划目标是否是一个"打破壁垒的计划"

哪怕只是单品，也需要建立起打破销售量壁垒的计划，要打造一个能使部门业绩转变的进攻型计划，这一点很重要。

2. 确认商品、SKU中是否有不充分的地方，进行变更

主推商品，是否符合自己店里顾客的家族结构，是否形成SKU，还有尺寸、重量、销售形态等方面要进行确认，从而不断地修正最初制定的计划。

各时间段的主要商品、必要商品是哪些，需要准备多少的SKU，尺寸应该做何调整，要结合到店的顾客层来拟订计划。

3. 确认在什么地方进行售卖（是否准备好了售卖的区域）

被誉为"吸铁石"的区域，"停留率高的区域"，将想要重点推销的商品拿到这些地方售卖是基本原则。

店铺布局当中，是否规划了将重点商品陈列在卖得好的区域，商品计划是否意识到了顾客的行进路线，这些都需要检查确认。

4. 是否有符合天气·气温情况的食谱推荐计划

对于不同的"天气""气温"状况，确认我们的售卖区是否做到了在顾客需要的时候，把商品准备齐全。

比如说，夏令时节，将挂面摆到尽头，进行销售量挑战，那么如果一直下雨，天气变冷时又应该怎么做，这一点也需要确认。

气温降低时，则向顾客提议热腾腾的蘸面（奄美大岛的油面＝拌面）等，所以不同的切入点是非常必要的。人气高涨的店铺会一直热衷于寻找这样的食谱建议。

另外，如果只是聚焦销售数量，那么"食谱推荐计划"的确认往往会被忽略掉。

时刻考量餐桌场景的食谱推荐和相关销售计划是非常必要的。

"既然是企业的钱，那就大胆地挑战吧，因为这些花费都将变成自己的经验"

5. 菜式样品、菜单、有店员推销的试吃是否都纳入计划中

如果是由专业促销员来展开试吃促销，那么销售数量就会增长很多，优胜店铺与去年相比，甚至能达到 450%—500% 的销售额。

根据"生活模式""每天的购买动机"，准备食谱推荐以及菜式样品，并实施有促销员的试吃推销。

《在天妇罗上淋酱汁的日本人》（家之光协会）一书，对餐桌地图进行了考察，书中提到了"每日菜单实态调查"，

根据这一调查，周六、日全家人一起在家吃饭的概率增加，因为确定了要吃什么菜，所以到店的倾向会比较强，首先会确定主要的菜式，例如"今天吃牛排""今天吃烤肉"，而具体的食材，往往会在到达店里后才进行选择。

一方面，周一、周二时最需要恢复营养均衡的菜单，被誉为最让人头疼的两天。

由于消费主要集中在周六、日，所以如果推荐一些素食菜单等比较健康的食谱，会让顾客感到高兴。当然，款待顾客的食谱也会推荐给顾客，但往往没有什么效果。

周三一般是冰箱里的库存清理日，顾客需要的是简洁的菜式，至于周四、周五，一般父亲在外面喝酒的可能性很大，所以汉堡包、蛋包饭、炸鸡块等孩子们喜欢的菜式会增加。

通过对类似数据的确认，并规划好有促销员的试吃推销，就会增加销售量进一步增长的可能性。

6. 是否建立了打破壁垒的生产计划、作业排班、人员配置

对于挑战最高目标的制造数量，人员配置，其他部门的支援申请是否都做了相应的对应。

我们需要制定的不是"与人员相一致的制造计划"，而是"根据制造计划，改变人员安排"，这一点才是核心。

7. 通过 5 确认 6，然后将计划调整到"最大数值"

在订货会中，关键在于，大家共同提出意见，将原本的销售计划转变成让人振奋不已、跃跃欲试的计划。

因此，在"销售计划会议"中，店长面对各部门的主管，要避免一味地追问销售计划本身的好坏。

我们要采取的并非逼问，而是朝着"这样的商品，在这样的卖场，以这种方式、这种创意，如何去感动顾客，带给顾客愉悦和惊喜"这一方向，去与大家交流。

在我担任的店长时代里，我经常对下属这么说：

"因为想要挑战，所以多订购了货品，即使这样，企业也不会要求我们返还这些钱，对吧？"

"既然是企业的钱，就大胆地去挑战吧，只要能吸收为自己的经验就没有问题，放心地去做吧。"

于是，便让他们去制订让人振奋、跃跃欲试的销售计划。

超市的工作循环③

"订货会"采用包含女性小时工在内全员参与型的方式，会开展得更加顺利

开店时备齐货品以后，各部门的全体成员要将主管制定的销售计划，和负责订货的小时工们进行对接。

主管根据总部的商品信息，制订适合本店的销售计划，但如果负责的小时工无法理解，那么她们所负责的订货工作中就无法融入主管的意志。

另外，女性小时工具备男性员工所没有的生活的智慧，

所以要让她们积极主动地说出作为主妇的意见以及自己家里的生活体验。

超市不是只有男人的世界

超市行业的企业组织，仍然是以男性为中心开展工作，但是在未来的时代，创造一个让女性工作时也能拥有成就感的环境，在确保人才方面变得尤为重要。

只认可"男性工作"的企业，是不可能留住人才的。

像这种相互对话的体制能落地到什么程度，是未来企业发展的关键。

原本，让女性小时工参加"订货会"，就是为了让她们接近顾客，即便只实现了这一个目的，也是竞争中强有力的王牌之一。

要使"订货会"有效地发挥作用，需要有更加详细的确认点，有以下六项。

①每天实施订货会

每天进行订货，与此同时，在"订货会"上确定经大家思考后的订货数量。

②为了建立假设而相互提供信息的一种宣言形式

集结所有人员的信息，让大家有一种自己是一个小部门经营者的感觉，由此开展工作。

③耐心地为小时工培训订购操作

④假设、验证所需要的数据，如何看待、分析，将这些方法教授给小时工

通过机会、风险看待方式的指导，力求从数据分析到判断都能自主进行。

⑤订货时要有充足的时间

凭借订货工作的分工，减少每个人负责的商品数量，使得出勤时间短的女性小时工们也能进行订货。

⑥一旦失败了，就要探讨原因，然后在下次订货时吸取教训

小时工们的销售计划书，在"订货会"中与主管的销售计划相结合，同时确定订货数量，确认卖场设计的大致概念。

通过这样的订货会，全体人员能理解销售计划书，并能反映到工作中，那么开店前的备货就能够顺利开展了。

图表③　小时工的销售计划书

第___周重点商品展开计划书　　　　商品名称 _____

◎每天的数量计划

周一	周二	周三	周四	周五	周六	周日

◎试吃·样品

周一	周二	周三	周四	周五	周六	周日

◎展示布局　　星期~　　星期　　　星期~　　星期

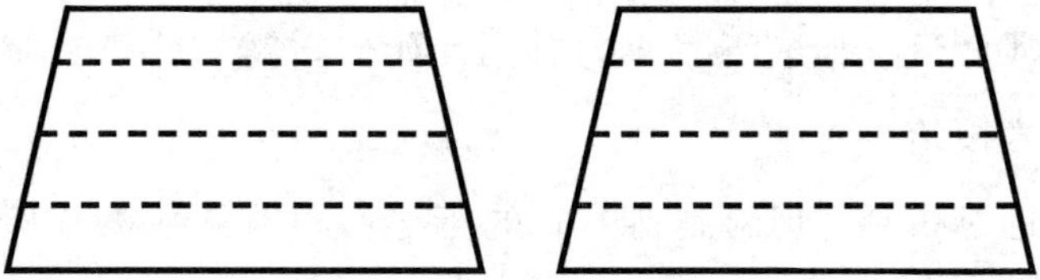

◎平台布局　　星期~　　星期　　　星期~　　星期

◎相关商品　　　　　　　　　　POP点评

由于高层领导的介绍，其他企业的人员也曾经来店铺内考察过。大家对在主管几乎没有下达指令的情况下，开店时也能达到100%的备货率感到非常惊讶。前来考察的企业问道："贵社的主管，是如何连续下达早上的作业指令的呢？"于是，我让他们自己确认了订货会的内容，对方似乎明白了其中的奥妙。

超市的工作循环④

"打造卖场"关键是：店长的方针体现在宣传单上的内容和店内是否一致，并切实地展开

"打造卖场"中，"彻底实施基本原则"是非常重要的一点。

以"容易看见、容易挑选、容易拿到"的原则打造卖场是人气卖场的条件。

卖场打造的确认点有以下三项：

①"方便购买的卖场"是能够让顾客视线聚焦的卖场

②"容易挑选的卖场"是能够让顾客视线停留的卖场

③"容易拿到商品的卖场"是让顾客不经意间就出手购买的卖场

着重考虑上述要点，做好陈列的基本项目，在此前提下打造出销量好的卖场。

基于这些，还有更重要的一点是"按照销售课题设计卖场"。

在制订每周的销售计划时，需要考虑店内的统一课题。

"季节性活动""生活类促销""学校活动""地区活动""旬度的季节商品""均价节"，甚至还有"顾客的信息""女性小时工提供的生活信息""趋势数值""媒体及社会新闻"等为统一课题，而店长的指挥将激发卖场的活性化。

上述的店长方针及课题，在宣传单上的体现与店内的实施是否统一并实际开展了呢？

例如，"母亲节"的时候，我发现有的店铺在入口处虽然用康乃馨进行了装点，但走进店里，却没有看到任何有关"母亲节"的文字。

店长要根据统一课题，来协调指挥整个卖场，这是很重要的事情。

当然，各部门"销售计划"的制订，要比对店长的方针、课题、横向、横跨式地展开，还要灵活运用"食谱推荐""生活提案""演示的设计""展开商品及 SKU""关联销售""POP"等。

还有一点要重视的是，"确认整体布局及各部门的卖场布局"，就是首先确认整体布局，然后依次确认各部门的卖场布局。

将上一年的业绩数字融入布局的设计中，并以此为参考，结合顾客的移动路径制订卖场的展开计划。

比如说，盂兰盆节的策划中，在布局上加入去年同时期的数字，则会发现"上架的区域非常醒目，却有很多商品卖得不好"。

核心是要认识到去年的卖场是存在问题的，并追究问题的原因，进行反省，然后运用到今年的工作中去。

店里的所有角落对店长而言都是战场，哪个区域如何展开，店长必须全部把握清楚。

做不到这一点的店长，会全部推给主管，而各部门也会分别建立不同的计划，无法产生统一感。

我们需要避免这样的问题，反省上一年的得失，加入今年的流行趋势，使能覆盖风险的计划在门店里被整体推动实施，这才是要诀所在。

母亲节当天，鲜花区价格为 800 日元的盆栽，经过精美的装饰用 980 日元售卖，大获成功

超市的现场，我意外地发现没有开展任何挑战的卖场其实很多。

无法挑战的原因是，"难以确定要挑战的商品""缺人手""尝试挑战的话会导致加班，导致工时延长""店长确认后失败的话，会损坏威严，产生今后工作的障碍"。

但是要反思这些负面要素，想方设法打破销售额停滞不前的局面的人，只有店长了。因此，店长该做的事情是"销

售姿态的调整"。

"到底需要多少人员""需要多少个小时",有时会请求其他部门的支援,按挑战目标的计划数量生产。

所以,要拟定制造及促销的时间日程表,明确地确定在操作室制造的时间,以及为了促销需要拿到卖场上进行出售的时间。

至于是有促销员试吃推销,还是顾客自助式试吃,在销售计划的制订阶段就要考虑,以确保预计的销售数量。

例如,全店事先确定好"这期间,一天有七件以上的商品,在高峰期时间段集中实施有促销员的试吃推销",然后让店铺里处于一种"如果不推销给顾客,就无法达成挑战数量"的状态,这是其中的一种方法。

盂兰盆节等节假日,事先确定好试吃推销的计划,让充分了解顾客所期待的商品以及卖场的女性小时工也要参与到计划的制订中。

这样一来,贴近顾客的"能提供建议的卖场""让人有购买欲望的卖场"就能很轻易地实现。

比如,我担任店长时,根据女性小时工的建议,在母亲节的时候,鲜花区里标价为 800 日元的盆栽,用精美的包装纸装饰起来,以 980 日元的价格卖出去,结果大获成功。

还有一个是我提出的建议,有一天,到玫瑰种植农家去,发现大棚里因根茎弯曲而被放在一旁的玫瑰花,我一问,这些都是卖不出的玫瑰花。

这才是真正的"生意高手"

于是我买下那些玫瑰花花瓣的部分,在白色情人节临近时,与泡澡剂一起成套出售,并加上一句广告语"来个玫瑰浴怎么样"。

将花瓣上的水分擦拭干净,就能长久保存,在一周的时间里都能享受到玫瑰浴,关于这些,我们也会向顾客介绍。

当时,我们把家居类商品的负责经理也一起带到了玫瑰种植农家那里,"如果要提出这个方案,请把它作为我们部门的商品吧",所以,虽然最后提升的是家居部门的销售额,但这个商品确实卖得很好。

像这样的机会其实到处都有。

如果改变一下提案的方式,就会把被埋没的数字一点一滴地挖掘出来，将毫无活力的卖场变成"让顾客有购物欲望的卖场""有生活感的卖场""充满挑战的卖场"。

因此，让女性小时工自己去挑战，店长也亲自参与挑战，构筑这样的环境，才是店长真正的工作。

通过"中途修正"取得"卖出去"的结果，"验证"则是要和同样是连锁的其他店铺进行比较

打造卖场的下一步"工作循环"是"中途修正"。

这项作业将直接关系到成果，能让人真切感受到做生意的乐趣。而通过不断地进行中途修正获得的成功体验将成为一种"成就感"，使得"女性小时工成为一种战斗力"得以实现。

具体来说，"中途修正"就是"把握每天的目标消化率"与"修正计划"。

店长及各部门主管，把握每天的销售数量，确认目标是否过低，然后进行计划修正。

销售目标的达成情况不好的话，要重新修订主打商品的SKU，改变卖场布局、销售方式、店内布局。

比如说，在圣诞节那一周，被指定为重点商品的气泡酒，如果过了节日这段时间，就卖不出去了，但拿到水果区售卖，

最后卖完了。

一定要有达到这种程度的"全部卖完"的执着，实施"中途修正"，才能实现"全部卖掉了"的结果。

"中途修正"是每天任何一个时间段都需要进行的动作。以这种姿态，时刻关注顾客及商品，通过卖场进行反复的假设与验证，将中途确认作为机制确定下来。

其中，店长拿着数据到卖场进行确认，则是基本中的基本。

自己不去看现场，只看数据，或者只满足于把部门主管叫到办公室交谈，这样的方式实在做不出什么成绩。

看到现场以后，与女性小时工攀谈"这个卖得不好啊""这个卖得不错，但排面好像不够"，确认销售数量消化率。

"超市的工作循环"中，最后一步是对比目标，看看实际情况到底如何，也就是**"验证"**。

"打造卖场""推销姿态""中途修正的效果"等都要进行验证，此时，可以在连锁店范围内，以生意好的店铺情况为标杆，收集相关信息，例如与自己店铺的差异，卖得好的原因。

这么做的话，就可以确认值得参考的地方，以及似乎在下次售卖时能派上用场的做法，特别是在那些不同于平常的，销售机会大幅增加的新年、盂兰盆节、圣诞节等生意特别好的日子，可以将一些需要加强反省的事项罗列出来，形成文件资料。

既然是销售旺季，要做这些工作就是理所当然的，所以是再好不过的时机。

"即便对自己造成困扰，也能为顾客带来便利"，到底能做到什么程度？

上述内容是从"信息收集"开始，经过"销售计划""订货会""打造卖场""中途修正""验证"，形成"超市的工作循环"，但不限于门店，商品部的采购，总部的管理人员也要充分理解这一循环的内涵，从而向门店传递信息。这些角色的信息传递将制约"销售计划""中途修正"能否取得成功。

所以，从买手那里获得的"商品信息"，管理人员的"各地区信息""打造门店特色卖场的信息"等，要加工为女性小时工策划"订货会"所需要的信息。

比如说，管理人员如果传递信息，仅认为"是以主管为对象的"，那么这些信息就无法传达到女性小时工那里，也就无法推动她们成为战斗力的组成部分。

整理成让小时工们容易领会的"商品信息"，这一点不容忽视，而且作为企业来说也十分有必要。买手传递给部门主管的信息，要注意是否也打磨成了能让女性小时工在订货会中使用的信息。

"中途修正"中，买手本身自己要对各商品作确认，而管理人员在"中途修正"的节点中，要调查"销路好的店"和"销路欠佳的店"的消化率，并针对结果所采取的对策，和买手互相确认。

所有工作都完成了以后，要验证"买手的商品信息、管理人员的卖场信息是否对制订让顾客满意的计划、打造卖场起到了作用"。

坦率地反思"成功的点""失败的点"，作为在下一次发挥作用的"验证"。

店长要根据总部提供的信息，对现场工作的主管、小时工的以顾客为先的行动进行支援。

能把这一点做到什么程度，是成为"实力店长"的条件。

店长能够很好地运行"超市的工作循环"，这样的企业，其门店必定会深受顾客信任，逐渐成长为"优秀的店铺"。

我在担任店长时，上司常常说："因为是为顾客提供便利的事，所以即便是自己受到了困扰也要做。"

"即便自己受到困扰，也要方便顾客"，这就是店长的工作。

第 **3** 章

实例！
超市店长的
"各部门卖场改革"

蔬果部门

"滑子菇"向最高目标发起挑战

"虽然以味噌汤为主,但到店频率很高,如果每天都是同样的推荐,应该会厌倦了吧"

小时工提出的菜单 "切成小块的滑子菇" "黏糊糊的通心粉" 等,元素非常丰富

超市 A 店每个月都会举办"门店强化塾"活动,蔬果部门 2014 年 4 月的"重点商品"是"滑子菇",当时要对它的最大销量目标发起挑战。

无独有偶,当时日配部门的"重点商品"是豆腐,主打味噌汤,对食材进行选择时,"滑子菇"被幸运地选中。

销售目标是 800 袋,首先根据总部商品部提供的信息,由副店长带领蔬果部主管,制订"销售计划"。

在零号图纸上列出"销售期间(2014 年 4 月 7—13 日)""这段时间地区的生活形态信息""顾客层""食谱推荐""卖场配置""各委员会的活动""活动信息""天气·气温的预测"等内容。

因为是 4 月份,所以关键词有"入学""新生活""春天的味觉",当时适逢消费税从 5% 增加到 8% 的时期,又是囤货的月份,处于"税费增加后的缺钱状态",该店铺的顾客画像则再一次被确认为"男女性都是老年人居多""六成以上的顾客超过 45 岁""平常是徒步或骑自行车,周末是开车来

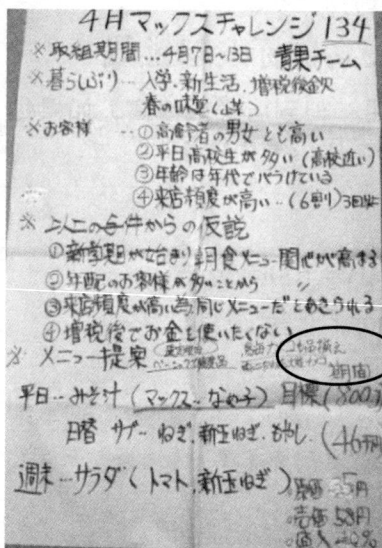

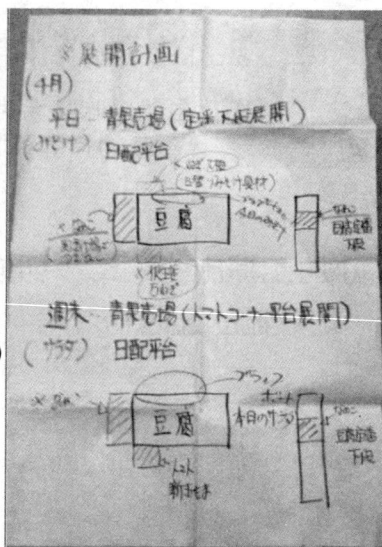

挑战最高目标的"销售计划"。在零号图纸上列出"销售期间""这段时间地区的生活形态信息""顾客层""食谱推荐""卖场设置""各委员会的活动""活动信息""天气·气温的预测"等。照片中的圆圈标识为目标值。

到店里的顾客占 90%""到店频率高（六成以上的顾客一周会来三次超市）"。

在此基础上提出的假设有以下几种：

①因为到了"新学期"，所以对早餐的关注度更高→对滑子菇菜式来说是个机会（味噌汤、日式早餐等）。

②到店频率高→必须每天更换菜单→希望滑子菇每天都能出现在大家的餐桌上。

③增税后不想花费那么多钱→在考虑单价（SKU）的基础上（1 袋 58 日元、2 袋 99 日元）→滑子菇菜式的商机。

至于实际提出的食谱推荐，为了激发女性小时工的智慧

图表④

滑子菇切丝　　滑子菇蘸酱油

滑子菇切块　　滑子菇味噌汤　　黏稠酱汁拌荞麦面

滑子菇豆腐　　凉拌滑子菇　　黏稠的通心粉

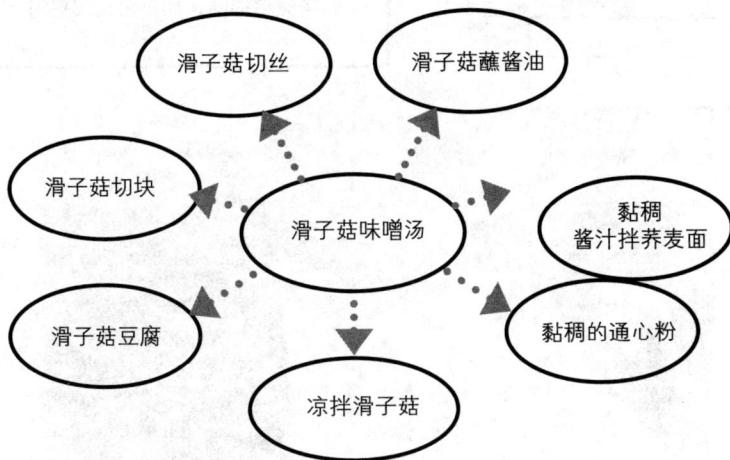

和努力，在工作中与她们交谈，启发她们。

这也并非选择特定的成员，而是无论白天还是晚上，都和全部的人员进行对话，并利用各种会议。

结果，提出的菜单包括**图表**④中的"滑子菇切丝""滑子菇蘸酱油""滑子菇切块""凉拌滑子菇""黏稠的通心粉""黏稠酱汁拌荞麦面"等，极其丰富。根据这样的信息（智慧），将"销售计划"的数值由800袋调整为1000袋。

同时，结合管理人员提供的平日、节假日计划方案，制定了将"滑子菇"陈列在什么地方的计划。

食谱推荐如何体现在卖场中，在管理人员的支援下，我们决定"主要的促销商品利用企业与地区共通的特点""但是，食谱卡要有自己店内的创新"。

然后，在执行前的"订货会"中，要向小时工们阐明

在实施前的"订货会"上，向女性小时工阐明计划。这里也能产生新的意见。

计划。

进行了计划的说明后，女性小时工们提出了"味噌汤作为主打没有问题，但到店频率很高，每天都是相同的推荐，不会觉得厌烦吗?""每天换一下配菜吧"等建议。

1周内卖了1837袋的销售实绩! 全店排名第一! 即便如此,"验证"的结果是"还能卖得更多"

将这些意见消化吸收，得到全员的认可之后，就到了"打造卖场"的阶段。

首先，从蔬果区延伸到日配区的平货架，设为共同的"菜单食材区"。

其次，在平货架的旁边，安装食谱推荐用的桌子，在这里放置管理人员制作的食谱卡和菜式样品。

为了维持购买件数，平日里也实施这种模式，"滑子菇"的销售则统一是 2 袋 99 日元，周末时在入口顶部放上冰块进行售卖，尽量选择醒目的位置，将"豆酱""酱汁"也一同出售。

滑子菇和豆腐之间排列的备选蔬菜，则是由女性小时工负责每天更换，以避免每天都是同样的味噌汤。还陈列了相关的商品，如姜、荞麦面、白萝卜、味噌汤的汤料等，打造一个独特卖场，在这里，食谱中包含的食材应有尽有。

菜式样品中，除味噌汤外人气最高的为"滑子菇切丝""滑子菇切块""滑子菇蘸酱油"，这些菜式以两天为一个循环进行展示。

采取这些措施后，本来每周目标是 1000 袋，但实际上从活动开始的那个周二算起，一周的时间内卖出了 1837 袋，无论是"滑子菇"的 PI 值，还是销售数量，A 店都占据了所有店铺中的第一名。

看一下每天的销售状况，"周二、周三"与"周六、周日"卖得特别好。

A 店从一开始销路就特别好，其他店铺的一位有能力的店长很快就来到 A 店看看这个"竟然比我们还卖得多的店铺"。

图表⑤　滑子菇最大目标挑战

平常是"味噌汤"提案，在日配的豆腐区陈列；周末是凉拌滑子菇提案，在蔬果区陈列。试吃的菜式每天都会更换。

※跃跃欲试→即便在较远的区域也能看见→如何让顾客停下脚步→如何让顾客把商品放在购物篮里。

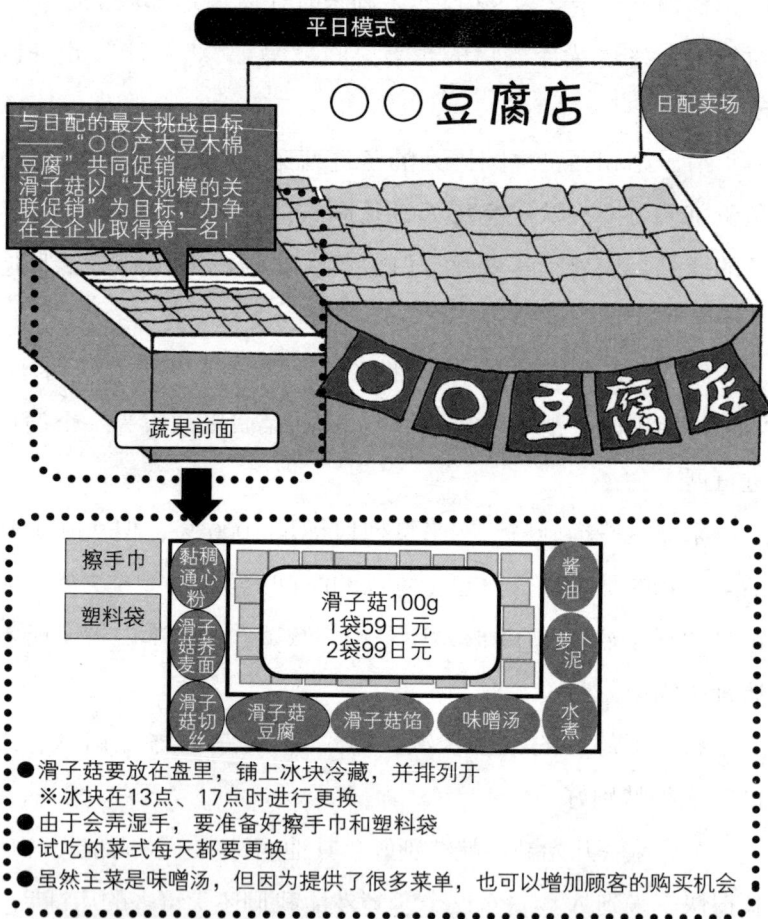

平日模式

○○豆腐店

日配卖场

与日配的最大挑战目标——"○○产大豆木棉豆腐"共同促销
滑子菇以"大规模的关联促销"为目标，力争在全企业取得第一名！

蔬果前面

○○豆腐店

擦手巾

塑料袋

黏稠通心粉

滑子菇荞麦面

滑子菇切丝

滑子菇100g
1袋59日元
2袋99日元

滑子菇豆腐

滑子菇馅

味噌汤

酱油

萝卜泥

水煮

- 滑子菇要放在盘里，铺上冰块冷藏，并排列开
  ※冰块在13点、17点时进行更换
- 由于会弄湿手，要准备好擦手巾和塑料袋
- 试吃的菜式每天都要更换
- 虽然主菜是味噌汤，但因为提供了很多菜单，也可以增加顾客的购买机会

- 蔬果卖场，将固定货架的下层用来扩充排面，提高可视率
- 卖场库存很大，所以要加强鲜度确认，一旦增加了损耗，要重新修订陈列数量以及促销的开展方式

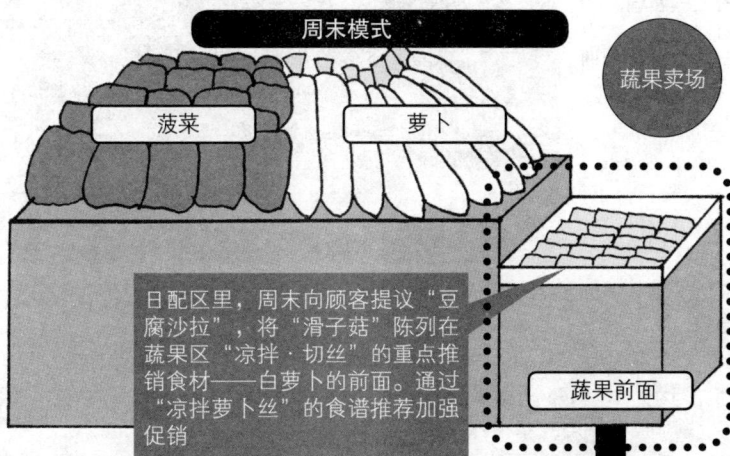

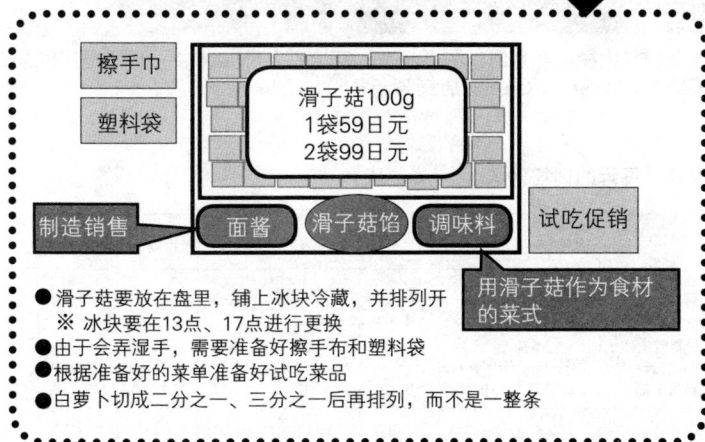

周末模式

蔬果卖场

菠菜　　　萝卜

日配区里，周末向顾客提议"豆腐沙拉"，将"滑子菇"陈列在蔬果区"凉拌·切丝"的重点推销食材——白萝卜的前面。通过"凉拌萝卜丝"的食谱推荐加强促销

蔬果前面

擦手巾

塑料袋

滑子菇100g
1袋59日元
2袋99日元

制造销售　　面酱　滑子菇馅　调味料　　试吃促销

用滑子菇作为食材的菜式

● 滑子菇要放在盘里，铺上冰块冷藏，并排列开
　※ 冰块要在13点、17点进行更换
● 由于会弄湿手，需要准备好擦手布和塑料袋
● 根据准备好的菜单准备好试吃菜品
● 白萝卜切成二分之一、三分之一后再排列，而不是一整条

● 日配区周末的提案是豆腐沙拉，所以把相关食材的番茄片摆出来

● 售卖库存很大，所以要加强鲜度管理，一旦增加了损耗，需要重新修订陈列数量、开展方式

菜式样品除了味噌汤以外，还有滑子菇的人气食谱"滑子菇萝卜泥"。春天白萝卜等管理商品也一并陈列。

滑子菇的最大挑战数量时的陈列状态。卖场库存是3000袋，目标是1000袋，销售实绩为1837袋，达到所有店铺第一名。

图表⑥　每天的销售情况

商品名 JAN： 0400404012846 滑子菇1袋	4月7日 周一	4月8日 周二	4月9日 周三	4月10日 周四	4月11日 周五	4月12日 周六	4月13日 周日	周度合计
销售数量	124	390	371	130	103	309	410	1,837
销售金额	6,124	19,256	18,024	6,213	4,925	14,615	19,388	88,545
平均单价	49.4	49.4	48.6	47.8	47.8	47.3	47.3	48.2

看过之后，他不得不承认"这家店了不得"，于是回去重整旗鼓，最终卖出了 1710 袋，达到了第二名。

在销售结束后的"验证"中，从每个时间段销售的数据开始，针对各时间段的销售方式欠缺考虑，今后仍然有很多事情需要学习。

总结材料①…需要有与天气相适应的食谱推荐→这次不怎么样的提案都是忽视了天气因素。

总结材料②…既然采取了试吃推销，应该卖得更多→有时试吃有时没有试吃，没有完全按照计划进行，虽然有人员的问题，但如果好好地策划试吃促销，应该可以卖到 2000 袋。

总结材料③…活用其他店铺信息→为什么来 A 店视察的那位店长的门店，后来销售额增长了这么多？拜托管理人员拍照片，或者店长与主管再去学习。即便是同一个企业，如果有能参考的地方也应该谦虚学习。

通过这样的"验证"，包括深刻的反思，A 店之后不仅在"女性小时工的智慧"挖掘方面游刃有余，而且成为能结合"地区生活形态"在运营上游刃有余的店铺。

"刺身自助"的最终胜利

考虑到"既然我们店里要用到刺身,那么这就不是一个部门的策划,而是门店的整体策划",获得来自其他部门的支援,融入计划中

休息日温泉旅行的店长灵感,
开卖三个月,就达到 10 万日元以上的招牌企划

在当今的超市行业,由于小商圈的竞争很激烈,"没有特点的店铺",其顾客会越来越少,经营环境变得很严峻。

而在这样的环境下,B 店实施了平日企划,周三"100日元均价节",活动的核心部门是蔬果、加工食品、日配的各部门,当初的招牌产品策划给人以新鲜感,然而接下来的活动却是"只体现价格"的百元均价节,看上去似乎没有什么新动静。

结果,顾客数量超过前年的天数变少了,而鲜鱼部门的顾客停留率也很低。

遇到了这样的烦恼后,B 店店长出于利用休息日切换心情的想法,与太太一起去了温泉旅行。

他们预订的温泉酒店,晚上是自助餐。

有日本菜、中国菜、西餐等,菜单里的菜式十分丰盛,且看起来味道不错。刺身的种类也很多,在众多菜式中,日本顾客几乎都是选择将刺身放进自己的盘子里。

由于自己亲眼见识到了"刺身自助餐"的吸引力，B店店长在想"是否能在自己的店里实践"，于是便和鲜鱼部门的主管一起探讨"100日元均价节的自助餐是否可行"以及相关的"销售计划"。

为了让顾客能够随心挑选，他们考虑到需要大概提供20种商品，比如"父亲喜欢的商品""母亲喜欢的商品""孩子们喜欢的商品"等。

但是，市场中高价的商品也以低价出售的话，实在无法将售价定为100日元。

如果不将高价值的商品引入自助餐，就无法成为吸引顾客的企划。

由于"占了便宜的感觉"是一种和价值相比的心理感受，其实不在于是不是都是100日元的均等售价，所以大家决定采用150日元的均等价格规划商品。

也就是说，到了周三，鲜鱼部门和其他部门一样举办"100日元均价节"，但鲜鱼的刺身售卖区则是按照"150日元均价任挑"的思路进行了挑战。

实施日为每月的第一、第三个周三，共两次，时间段为10点到16点。

活动开始后，6月的第一个周三，经过辛苦的努力，销售额为20250日元，销售件数为135个。

于是，在第二天的"订货会"中，与女性小时工一起"验证"这次的假设，大家提出"需要加强促销开始前的事前告知""存在销路机会的损失""销路不好的商品需要更新"
等意见。

把这些意见迅速地落实到两周以后，也就是 6 月的第三
个周三的活动执行中，由于有了第一次在均价节中购买商品
的顾客的口碑相传，销售额上升了。

第四次的活动，在 7 月份的第三个周三，销售额达到
64650 日元，销售件数为 431 件，翻了一倍以上，相当于第一
次活动的三倍。

而 8 月份、9 月份，销售额也在持续增加，10 月份的第
一个周三，销售额达到了 100950 日元，销售件数为 673 件，
基本超过了 10 万日元。

再加上在商品打造上下的功夫，最终毛利率达到了
32.1%，使得这个企划成了销量好且能赚钱的招牌企划。

销售额增加了 3%，顾客数量增加 4%——原本生意不佳的鲜鱼部门活性化，直接关系到店铺整体的业绩

这个企划，需要大量的精力与人力，很多店以"没有人
手""无法指定排班计划"等为由，在活动执行前就放弃了，
或者尝试挑战了，却断言"销售额两万日元说明没有什么效
果啊"，然后在第二次以后就不实施了，这样的情况很多。

但是，B 店的店长提出"这不仅是鲜鱼部门的企划，既

然我们店里买进了刺身，还应该是门店整体的企划"，于是向其他部门提出支援，并写入了计划。

其他部门的支援成员主要被安排做一些业余人士也能操作的工作，类似"萝卜片的摆盘""青鱼、鱿鱼的去皮"等，提供支援的收银部门成员，被安排在店铺内接待销售。

销售额超过 10 万日元后，店长的下一个目标是"销售额为 15 万日元，销售件数为 1000 件以上"，而在 150 日元均价时段结束，即 16 点以后，与任选活动不同，用"分切好的成品"来吸引顾客。

6 月份开始刺身任选活动的鲜鱼部门，销售额虽然是去年的 97%，但 10 月份一举达到了 106%。

店铺整体，10 月份为去年销售额的 103%，顾客数量为104%，原本生意不怎么样的鲜鱼部就以这样的方式，为店铺整体做出了巨大贡献。

然而，150 日元均价自助活动是在第一个和第三个周三实施，这两天与不实施活动的第二个、第四个周三相比，到店的顾客数量相差 20%，店长便思考"要在第二、第四个周三引入别的招牌企划"。

像那些无法形成结论又冗长的销售会议，即使制定了详尽的计划，如果没有实施，也完全是在浪费时间。

无论什么时候，店长都要有"决断和执行"。

"猪肉分切"品类的攻守

"与生鲜食品一样,将该商品品类按照一周的时间持续促销"这一想法让人感觉一周很长,但勇敢地发起了挑战,结果销售额达 467%

与小时工交谈,考虑到傍晚到店顾客的嗜好,提议"猪肉酱"+"炖萝卜"

接受我指导的一家店铺 C 店,即使在年末,精肉部门的业绩也不佳,正在寻求改善对策。

试着分析了 POS 数据后,在销售额排前列的猪肉商品中,基础商品的"猪肉块"品类,呈现下降的趋势,从全店数值来看,金额 PI 值为 12457 日元,排在倒数第二位,与排名靠前的店铺相比,相差了两倍以上。

于是,针对当地的生活习惯进行了"信息收集",发现在 12 月 8—14 日这一周,因为是"马上就到年金支付日,很多顾客只采购一些真正需要的商品"。

12 月 10 日虽然是奖金支付日,但也是临近年末的省钱时期,加上要准备圣诞节礼物,那么"节前的饮食就简单点吧",很多家庭抱有这种想法。

因此,在"销售计划"中,既包含了用于款待顾客的食材,也加强了猪肉切片品类的基本商品——"猪肉片"的销售。

如果看一看连锁店排名靠前的店铺趋势，肉片的比例占到 50%，所以 C 店的计划是，将金额 PI 值定为过去的两倍，也就是 2.5 万日元，销售额预算为 1.7 万日元，而店内的猪肉切片品类排在前三位的商品占到 75% 以上。

顾客数量与前一年大致相同的情况下，精肉部门整体的销售计划目标为 35 万日元，如果看一下从第一天开始的这个"销售计划"及"中途修正"的结果——

■第一天…12 月 8 日（周一）

将卖场布置成与"销售计划"吻合的布局，特别留意猪肉片售卖区的布局，以及商品·SKU 的货品齐套。

为了防止第一天就无法完成目标，向部门的女性小时工进行了在卖场开展活动的说明。制作各时段卖场确认表，在"13：00""16：00""18：00""20：00"的整点时间段设定装袋数量，并进行确认。

结果销售数量达 74 袋，销售额为 1.9 万日元。

■第二天…12 月 9 日（周二）

在全店的"99 日元"促销中，"加拿大产的猪肉片"以 100 克 99 日元的价格出售，均价 99 日元，单位重量的单价非常便宜，通过对前一天傍晚的卖场拍摄照片，从数据中确认了机会损失的发生情况，为了防止这个问题出现，将商品量增加 20%，以此来生产商品。

日本产猪肉片价格定为 100 克 128 日元，卖得不错，加拿大产的为 100 克 99 日元，销路却不怎么样，最终销售数量为 41 袋，销售额为 1 万日元。

■第三天…12 月 10 日（周三）

由于前一天加拿大产地的猪肉销售情况不理想，于是增加日本产猪肉片的计划数量，同时借助女性小时工的力量，提出了"猪肉酱"的食谱建议。

周二、周三的晚上，顾客数量增加，各时段的确认由晚班成员实施，以避免 SKU 的下跌。结果，销售数量为 89 袋，销售数额达 1.7 万日元。

■第四天…12 月 11 日（周四）

使用猪肉切片的食谱推荐是与女性小时工商谈的结果，考虑到傍晚到店的顾客嗜好，在"猪肉酱"的基础上增加"炖萝卜"的提案。

并且，作为晚餐的简便食材，在店面里展示"腌制烧肉"的样品，推荐给顾客，结果卖出了 60 袋，销售额达 1.5 万日元。

"猪肉片"品类的销售额合计为 43.4 万日元，与前年相比，增长到了 252.3%

■第五天…12 月 12 日（周五）

改变食谱推荐，实施让顾客容易参与的"猪肉汁"试吃，提出"猪肉片炒蔬菜"的建议。周二、周三特卖中剩下的"加拿大产猪肉片"与日本产猪肉片一起出售，却没有实现销售额的提升，结果卖出了 42 袋，销售额 1 万日元。

■第六天…12 月 13 日（周六）、第七天…12 月 14 日（周日）

日本产切片品类以增加数量为目的，按八折出售，同时增加"涮火锅套餐"的售卖。为了让日本产肉片的增量部分进一步销售出去，为顾客提出使用肉片的"猪肉豆腐""泡菜锅"等食谱建议。结果，周六的销售数量达到 101 袋，销售额为 2.5 万日元，周日的销售数量为 164 袋，销售额是 5 万日元。

周度统计中，日本产猪肉片为 14.6 万日元，而进口猪肉片的销售额为 8.2 万日元。两者相加，猪肉片的销售额总和为 22.8 万日元，相当于去年的 467%。

而以周度为单位统计的"猪肉片"品类的销售额，总计 43.4 万日元，是去年的 252.3%。猪肉品类整体的销售额之和相当于去年的 135.4%。

"猪肉分切"品类的销售金额进入了整个店铺的前三名，金额 PI 值与目标的 2.5 万日元相比，达到 31408 日元，为整个店铺的第四名。这一连串的数字，与实施前倒数第二名的成绩相比，有了极大的飞跃。

一般来说，像这个事例中，与生鲜商品相同的商品品类，集中在一周进行推销是非常不容易的，因此这一周让人感觉很漫长。而且，在 C 店，"各时段销售数量"的数据没有导出，在这样的环境下虽然有些麻烦，但是他们依靠自己的力量，制作了"各 SKU 应有袋装数量确认表"，并逐一进行确认。

把这份确认表交给在傍晚以后上班的夜班员工，并告诉这些员工要毫无遗漏地进行确认等，采取具体而详细的对策——这些都将直接影响成果。

熟食部门 北海道产的 TOUYA 和土豆沙拉的挑战

上午、下午变更货品的备货，从周一到周日持续进行这一项工作，使不是主菜的商品也能给部门销售额带来巨大贡献

淀粉物质少，适合爽口、轻脂
土豆沙拉的土豆

在（日本）东北地区的超市连锁店 D 店，12 月上旬第一周，想要大力推销新规格的"土豆沙拉"。

去年，D 店以 99 日元的均价出售土豆沙拉，然而 19 点以后的降价品在销售额的占比很高，所以整体销售额并没有上升，该店一直很烦恼。

土豆沙拉卖得特别好的店铺，在一周内能卖到 10 万日元，相比之下，D 店的销售额就比较低了，只有 4.3 万日元。

面对这种情况，店长非但没有消沉下去，还断言："如果没有比去年更大的动作的话，那么今年的销售额依然不会上升。"

在收集信息的过程中，通过向顾客调研发现，沙拉在早上和中午的需求比较大，而夜晚大家倾向于"自己做饭"，所以对沙拉的需求会下降。

另外，能够激起购买欲望的价格是 300 日元以下，而作为菜品当中添香增色的一道菜，虽然需求量很少，但因为顾客希望能用到其他菜里面，所以还出现了"希望有量更大的包装"的声音。

因此，使用北海道的土豆"Touya"制作的土豆沙拉，平常有 398 日元、298 日元、198 日元三种规格，周末则在此基础上增加 598 日元的规格，以满足顾客需求。

"Touya"在 1992 年被指定为北海道的鼓励品种，淀粉物质少，适合制作爽口、轻脂的土豆沙拉是它的特征。

当初不怎么习惯，是因为没有意识到这是一种具有如此高价值的土豆。自从大家意识到这种土豆对健康非常好，Touya 逐渐成为大众热捧的品种之一。

"销售计划"中设定的销售额目标是 1 周内达到 84780 日元，毛利率是 62.9%，目标利润为 53347 日元。

在实施过程中，"订货会"上与女性小时工讨论了销售的方法，并确认了"上午以小袋装为主力，到了下午就主打以家庭为对象的规格"。

然后，为了推广"改良后的土豆沙拉"，采取由促销员开展的试吃推销，试吃推销的服务人员并非这些小时工，而是"蔬菜部门的主管、店长、副店长作为试吃员帮助大家试吃"，这是一次非常独特的挑战。

"中途修正"中增加促销商品以及移动卖场，销售额与前一天的 10503 日元相比，上升到了 12150 日元

第一天就开了个好头，销售额占全店的第一位。

但是，因为促销商品等档次都不怎么样，而卖场相对于顾客的移动路线来说更靠后方，很难看见，所以上午到店的顾客不多。因此，改变这个时间段的销售情况成为当务之急。

通过"中途修正"，在第二个周二，安排促销商品，并将其放在顾客移动路线前方的售卖区。结果销售额相比于前一天的 10503 日元，提升到了 102105 日元。

而在第三个周三，将土豆沙拉放在沙拉区的前排，销售额提升到了 18925 日元。

面向家庭的增量在周末实施，也使销售额达到了 18545 日元，这一天，从 16 点开始，由蔬菜主管自己亲自开展的试吃促销非常奏效。

结果，在一周内，土豆沙拉的销售额超过了目标的 84780 日元，以 107537 日元成为全店销售额第一名。

通过每天的修正，对比目标达到了 126.8%，这一结果告诉我们让商品引人注目是多么重要。

即使是同一天，在上午和下午分别改变货品的备货状态，并从周一到周日都坚持进行这个动作，即使不是主菜的商品，也能为部门销售额做出巨大贡献，这一点已经成为大家的共同认识。

面疙瘩汤带来的逆向思维

日配部门 1

"怎么又是疙瘩汤"，如果向妈妈抱怨，妈妈会不加解释地答道"不想吃就别勉强"——这种菜单……

过去是因为"只有这些了"才吃，而现在的食谱不仅要味道好，还要讲究营养均衡

在过去食不果腹的年代，除了大米、燕麦饭以外，吃的最多的便是"疙瘩汤"了。

日本全国都叫"疙瘩汤"，但是在东北的青森县、岩手县是叫"Hittsumi"，宫城县北部叫"Hatto"，福岛县的郡山叫"Danngojiru"，福冈县的久留米叫"Dagojiru"，不同的地区，叫法不一样。

我出生在与郡山市相邻的本宫市，家里务农，我是家中最小的孩子，有时候向母亲抱怨"怎么又是疙瘩汤"，母亲也不解释，直接说"不想吃就不要勉强"，我就是这么长大的。

当时的状况是"只有这些可吃的了",而现在一说到吃,大家不仅对味道有要求,还在营养均衡方面有讲究。

在东北北部,经营一家连锁店的 E 店店长,在汤汁锅料理的需求旺季里,挑战乡土料理"疙瘩汤"的最大销售目标。

乡土料理,顾名思义,是用非常基础的原材料,打造出极具吸引力的明星产品。

用面粉自制"疙瘩汤"的家庭很多,而这次的主推商品是在厂家的工厂里,制作成丸子形状的疙瘩汤。

首先,负责的买手提出了"猪肉泡菜疙瘩汤""(日式点心)红豆疙瘩汤""黄豆面疙瘩汤"等提案。

而在制造商的成本谈判中,为了确保高毛利率,向各店铺免费提供(限定数量)用于试吃的产品。

将过去未曾有过的挑战数量分配到各家店铺,根据详细的商品信息,在所有店铺开展。

销售数量达到了全店第一,而 PI 值也上升到了全店的第二位,这个店铺在售卖前,首先让自己店里的小时工做了一次问卷调查。

结果是,"吃疙瘩汤"的占了 94%,"不吃"的占了 6%,"从面粉开始制作"占了 79%,"购买当天配送的商品"占了 21%。

看到这个结果,常常会得出这样的结论,"这次销售的是日配商品，我们的店铺卖不了"，而就此放弃。但为了更深入地收集信息，试着和 E 店的女性小时工进行了交流。

而通过这一交流，发现"从 20 岁到 30 岁的年轻人""50 岁到 60 岁的两人家庭"会购买成品。

因此，针对这两个顾客群调查"口味喜好""放入的肉类、蔬菜"，之后便开始了疙瘩汤的销售和相关商品的上架。

时刻都有人为顾客试吃服务，并在开火加热的状态下试吃，使销售金额、数量达到了全店第一

虽然一开始判断"这肯定可以大卖"，但在"中途修正"进行确认的阶段时，还是离目标数量相去甚远。

而这时，打电话和排在前四位的店铺进行确认，发现这其中的要点是"非自助试吃""女性小时工的创意食谱推荐"，于是在自家店铺里也迅速地导入。

在此基础上，调查了一下自己店铺各时间段的销售数量。

调查发现，成品的状态下配合热腾腾的试吃促销，卖得特别好。对于在后厨完成制作，卖场里不加热，而是在常温状态下的试吃，销售数量没有增加。

于是，在店里安排有促销员的试吃促销，并持续在加热后的状态下进行试吃，这么做以后，使销售金额·数量都达到了第一名，PI 值虽遗憾地屈居第二，但员工们从中共同感

受到了大卖的喜悦。

PI 值排名第一名的店铺，其所在的地区是"不怎么吃疙瘩汤的地区"，这是根据调查发现的结果，即使这样，他们仍以店长为核心，日配部门全员进行试吃促销和食谱推荐。

这家店是新店，在此之前，一直苦恼于"业绩上不去""顾客数量没有增加"。

然而这一次，店长号召大家"靠大家的力量一起成为第一名"，每天都实施试吃促销，小时工们的创意食谱推荐也得到了运用。主管自己也通过烹调试吃品，被小时工们的创意食谱感动，作为一个团队，第一次那么团结，伴生的就是 PI 值达到第一名。

负责的买手听取了业绩优良的店铺汇报，达成了这样的共识："所实施的食谱推荐，促销创意完全超越了买手制订的计划以及传递给门店的商品信息。"

这些都是超越买手创造力的想法，店铺卖出了相当于买手计划数量几倍的量，买手自然很高兴。

而另外，店铺在与厂家的商谈中，也感谢买手购入了销路好、高毛利率的商品。

"商品部的工作"与"销售部的工作"要联合起来，将重点商品的销售在全企业开展，这样做的成效就是，这家企业日配部门的总利润比去年大幅提升。

"下酒小菜秋葵" 带来的财富

大家共同提出意见，解决问题的同时，自己在成长这种姿态也会影响其他部门

"以小时工为主体开展运营的店铺"，副店长、主管、小时工一起共同示范

超市的 F 店是一个经常出现"断货""少货"的店铺，原因是"销售计划不明确""忙于操作，没有充足的开会时间""订货确认很随意"等。

结果，各个部门的协作性没有搭建起来，只是让女性小时工们感觉自己很忙，而她们对于销售的想法完全没有反映在卖场中。

确实，让女性小时工负责下单，但如果只要求她们按照已卖出去的数量下达订单，那么这个动作里也完全体现不出她们自己的意志。

所以，F 店的店长与女性小时工沟通了以下三点内容：

①女性小时工可以通过电视、杂志、网络等获得各类信息，而且每天都要考虑做什么菜。这些信息、声音、想法要最大限度地呈现在卖场里，这样才能提出更贴近顾客的建议，真正打造有特色的店铺。

②女性小时工思考、计划并执行以后的成功体验，经过积累，希望能够成为巨大的财富。为了实现这一点，随时跟

进，包括确保卖场空间等工作，也要尽最大努力完成。

③为了集中大家的想法，要安排一个能让大家充分讨论的场地。

把这三点想法作为切入口，由女性小时工主导的"周度重点商品第一名大作战"开始了。

女性小时工们对 F 店的现状认识是：

Ⅰ．虽然实施了部门早会，有时候却不进行。

Ⅱ．部门早会中仅针对数值情况、相互确认事项进行沟通。

Ⅲ．并没有实施全员共同参加的订货会。

Ⅳ．"重点商品"的计划由主任主导，与部门负责人单独拟订，确保展开的场地与数量。

鉴于这些现状，女性小时工们提出的改善提案是：

Ⅰ．需要有一个大家集中在一起，坐下来交换意见的机会。将"订货会"放入预定表中，每周务必实施一次，而周末的订货确认也在此时进行。

Ⅱ．"订货会"中的女性小时工的意见要最大限度地反映到卖场中去。

Ⅲ．店长、副店长、统管、主任绝对不能否定女性小时工的意见，要全面跟进。

以这些方案为基础，让副店长、日配部门主管、日配部门小时工、酒水部门主管、酒水部门小时工一起考察同企业的其他店铺，考察的着眼点是"以小时工为主体开展运营的店铺"。

然后，让他们诚实地将自己的感受，以及今后想在门店尝试挑战的事项罗列出来……

虽然没有达到目标，但销售数量达到全店铺的第一名，金额 PI 值则排名第二

日配部门的女性小时工说出了这些感想，"豆腐、面条售卖区，同时出售一些酱汁、油炸萝卜丝等相关商品""黑板上的推销商品 POP 特别好""装饰、关联销售、食谱推荐都非常有趣，而且不会让顾客厌烦"等，并在自己的店里提出了"POP 也加上插图""想提出关联商品的建议"等意见。

酒水部门的女性小时工们则提出了"相关商品、装饰、POP 等的终端展开非常充分""店里有季节感特别强的手工制作装饰品，让每一个人都能轻松愉快地购物"的感想，并提出"自己店里的酒水售卖区也可以尝试放一些不同式样的装饰品，但人员和时间都不够"等意见。

带头的各个主管则谈道："季节性、节日性的装饰要彻底推动""女性小时工的想法在卖场的每一个角落都能体现出来""主打商品、关联商品很多，但都是有意义的，而且管理到位"，并认为"只要有足够的时间和人员数量，在自己的店里也能够实施""通过实现部门内部的意志统一（＝部门会），进行饮食方式的推荐、节日推荐、关联品陈列"。

对于考察的店铺卖场，大家体会到这不是"每一个人的想法"，而是"大家共同的想法"，如果没有这一点，无法做到目前这样的水平。能感受到全体人员的意志统一。

副店长与主管、女性小时工们受到了刺激，回去以后在会议中，确定了下周（7月1—7日）的"重点商品"为"下酒小菜秋葵"。

"下酒菜秋葵"在上一个月的"父亲节"，以平台试吃的形式进行了尝试，但平均一天也只卖出去 28 个。

大家就食用的方法交换了意见，提出了"喝啤酒的下酒菜""切开以后作为豆腐、油泼面、荞麦面的配菜"。

实施第一次会议6/26（周三）。因为一直很期待，大家都严格遵守时间到达，结合下周商品"下酒菜狂欢节"的饮食方式提案交换了意见。

然后进一步确定了"豆腐配竹笋很好吃""七夕节要吃山药配油泼面"等这样的推荐菜谱，并明确订货数量和展开的场所。

"下酒菜秋葵"的订货数量参考的是，运用宣传工具、平台销售"腌菜"（198日元的沙拉茄子）的每日数据。

讨论的结果是，最小值目标定为 30 个左右，是周一、周二、周四要达到的目标，而最大值目标是在周日实现 70 个。"下酒菜秋葵"虽然没有"沙拉茄子"卖得那么好，但作为安全方案，每一次减少 10 个进行计算。在父亲节当天，虽然

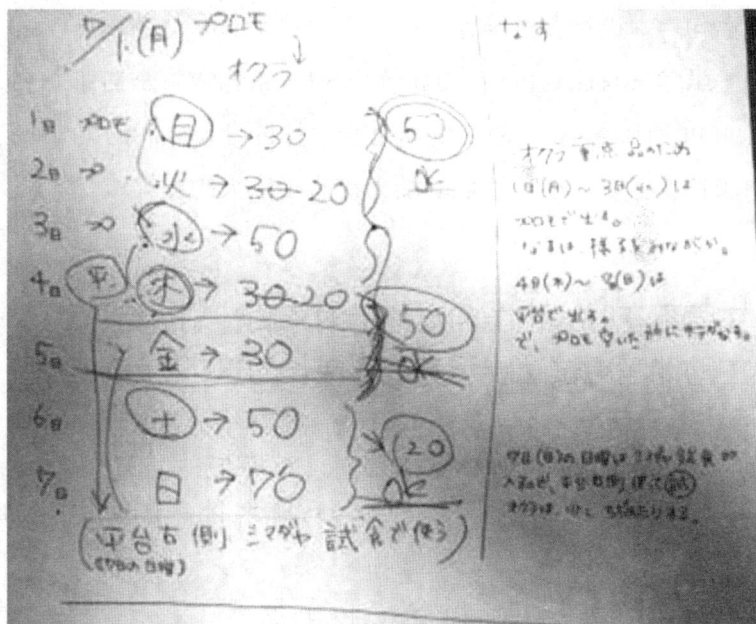

主任与负责人交流，决定数量、开展的区域、考虑保质期等，确定订货数量以及进货日程。

不同的部门提出了相应的菜单建议，但还是卖得不好，吸取这个经验教训，向"应对气温""重点商品+关联商品的提案"的计划进行转变。

而实际上，从周一到周三，通过采用宣传工具，相比于销售计划数量的 100 个，实际卖出去了 37 个。所以，周四、周五以凉菜为主题，在平台上与沙拉茄子一起出售。但相比于计划数量的 50 个，实际卖出了 36 个。

基于这个结果，采取了"中途变更"措施，在周末前，把销售计划数量从 120 个改为 100 个，而周六、周日在平台上，在 POP 上增添"七夕面，要用横切秋葵，制作小星星"的语句，并进行食谱推荐，最后卖出去了 96 个。

虽然没有达到目标，但仍然取得了销售数量全店第一名，金额 PI 值排名第二的成绩。通过这样的活动，F 店的店长、副店长、主管、小时工们的能力都有了巨大的提升。

主管不在时，也能自觉地针对下周计划进行讨论，主动地考虑试吃展示方式，成长为这样的小时工们

活动结束后，女性小时工们提到如下感受：

"销售额达到全店第一名，向顾客推销的欲望也加强了。"

"很期待看到每天的销售数量和排名。"

"如果总是一个人思考，总会才思枯竭、思维固化，通过

参加订货会，能够参考大家的意见。"

"迄今为止，就是凑人数的形式，常常有遗漏或者发生断货的情况，如果自己来做，就能够进行预判了。"

除此之外，有两点是今后的改善方案：

Ⅰ.在有限的时间内，有序地开展订货会，需要根据计划书，事前构思创意，并总结意见，然后带到订货会上讨论。

Ⅱ.能够一目了然地看出布局、每天的数量计划、相关商品等，希望能制做出这样通俗易懂的计划书。

而落实这些改善方案的"销售计划书"，改为由女性小时工们制作，有问题就改善的方式。实施以后，从水果部门的数值推移情况来看，截至第二周的 7 月 14 日，日餐、西餐的日配与去年相比，都有小幅度提升。

通过这次的企划，取得了很好的业绩结果，而女性小时工们的意识也发生了改变，食谱的创意越来越多，即使主管不在时，也能自发地沟通下周的计划，试吃促销的方式，POP 也由自己设计并绘制，在这些工作上展示出了很高的积极性。

这种"大家共同提出意见，一边解决问题一边提升水平的姿态"也影响到了其他部门。像 F 店这样，在企业、店铺业绩没有办法提升的情况下，去业绩好的店铺进行学习是非常重要的。去那些给企业带来巨大利润，能力优秀的店长那里，停留两天一夜，进行观摩学习，这种方式比起每天口头上的重复强调，能更有效地让员工掌握应该做的事情。

"豆腐"大改革的漫漫长路

针对竞争对手的"上下两个价格点"，
这当中，同样品类居多的自身企业的 PB 商品
要全面展开，与竞争对手进行对抗

通过"收集信息"了解到自己店铺的缺点是
"对比竞争对手，我们的价格点不明确"

对超市来说，日餐的日配部门是顾客购买频率很高，在提高顾客数量的对策方面非常重要的部门。相应地，利润贡献度也很高，从店铺损益上来看是关键部门。

但是，G 店的日式食材日配部门销售额并不理想，在销售额结构比方面，比整体店铺平均值还要低 1.8%，PI 值比整体店铺平均值的 1371.6 要低 379.6，为 992.0。

主打品类——富含水分的产品，特别是豆腐的销售额并不理想，豆腐品类的销售额构成比比全店还少 0.9%，是构成比与全店平均差异最大的一项。

豆腐的 PI 值相对于全店的 205.4，低了 49.5，也就是 155.9。

这些问题的原因是"豆腐区的停留率低"，而作为对策之一，通过"收集信息"需要"再次确认顾客画像"。

与 G 店相邻的商圈里，30 岁与 50 岁的顾客群人数较多，而通过对上述顾客的访问调查发现，50 岁的顾客 3—5 人家

庭，且经济状况比较富裕的家庭很多。

为了买到好吃的食物，他们每周会到 G 店光顾三四次。

一方面，30 岁的顾客群，平均家里是 2.5 人，收入虽然不高，但正值家里孩子长身体的时候，所以呈现"希望有又便宜量又大的商品""如果味道上没有很大差异，会选择便宜的商品"的需求趋势。

所以，设定出"集中采购会更便宜，所以有可能去其他公司的门店"这样一个假设。

另外，访问结果还发现，家庭成员为一到两人的家庭里，"35 岁前后的单身者""只有夫妇两人""有一位或两位老人的家庭"住在集体公寓，而老年人多住在自己的老房子里。

因此，这类顾客的偏好在于"切好后用小袋装的形式""只要味道上没有大差异，会选择便宜的商品""价格差不多的话，想吃到口味更佳的东西"等方面。

另一方面，调研了竞争对手的各家店铺，发现了"豆腐的商品数量控制在 40 种以内""价格设为 48 日元和 98 日元""增加 48 日元的商品排面，强调实惠"的共通点。

相比之下，G 店在商品种类数量的聚焦、价格点的明确上处于劣势，而杂豆腐等高档豆腐的备货也没有对手充分。

这种状态下，无论是追求实惠性的 30 岁顾客群，还是即使稍微贵一些也愿意购买的 50 岁顾客群的诉求，都无法满足。

作为结论，应该改变的要点为以下六点。

①没有能够满足集中购买需求的商品。

②个别食品，味道好的商品即使货品齐全，也没有物有所值的感觉。

③价格点比竞争对手店铺高。

④让顾客感到物有所值的商品没有占据足够的排面。

⑤偏向高品质商品，商品数为 62SKU，比竞争对手的 20SKU 要高。

⑥纵向分列导致商品内容不明确，难以挑选。

价值提案型的超市
与折扣业态竞争的实例研究

在卖场的具体调整中，首先，将豆腐种类按照纵向摆放方式归拢起来，主打商品则从下层开始摆放，扩充排面，陈列时要尽量保证显眼。

其次，汇集几款重点商品，将售卖区变得更容易吸引视线，与此同时，相对于竞争对手的 48 日元、98 日元两个价格点，将自己企业的自有品牌（PB）商品，400 克 68 日元的豆腐作为主打，摆放在专门的一个区域里售卖。

在此基础上，针对 30 岁顾客群的集中采购需求，自有品牌豆腐以 2 份 128 日元的价格出售。

另外，竞争对手的折扣区主打"生吃也不错的豆腐"，然而这一点并不是他们的优势。我们则采取了一系列措施，例如每周实施一次"使用豆腐做简单的家常菜"的食谱推荐，通过玉子豆腐、茶碗蒸等建议寻求与对手的差异化。

但是，这一连串的措施要让负责日式食材日配的女性小时工在共同开展活动时真正领会，需要持续的沟通与交流。

她们一上班，就马上让她们抓取各商品销售额的日报数据，"前一天的重点商品卖了多少个""销售额占前几名的商品是什么"等，让她们养成自己确认的习惯。

当初的目标是，豆腐品类的 PI 值要改善到 200，但通过制作实绩推移图，确认数量 PI 值后，深切地感受到，售卖区经过调整，销售额在顺利增长。

最终，G 店的这一实例，成为"价值提案型超市与折扣业态竞争时的实例研究"。

面对竞争对手的上下两个价格点，G 店通过对这其中品类数量居多的自有品牌商品进行全面展开，对抗竞争对手。通过这一实例的学习，G 店将自己店铺的自有品牌"Premium 纳豆 78 日元"打乱后摆放在三角处，并附上图示，用如此醒目的方式出售。

他们还尝试挑战了，对 88 日元的纳豆，用写有"特别的米饭"的胶条围在一起，在主要的通道里进行促销。

国际品牌的商品，以及当地的纳豆，G 店都很齐全，所以强调的是和折扣店不同，并非以价格来备货的特点。

通过调整卖场，G 店日式食材日配的销售额上升了0.5%，但仍然存在断货、少货的状况。

即使经过了改善，但由于一直处于"重点商品"推销不足（=销售业绩排名低）的状态，店长还提出了针对女性小时工开展的各类课题，包括小时工如何参与"销售计划"的制订、订货指导等。

门店与商品部都表达了感谢，而且形成了利润，为顾客带来了愉悦

超市里，店长以下的副店长、主管、女性小时工之间的关系越紧密，销售额越能够得到提高。

某家企业里，买手认为豆腐能带来巨大利润，于是与厂家交涉说"卖 1.5 万个呢，请给我们低一点的成本价吧"，结果，所有店铺一共卖了 2 万个。

这家企业的门店并不多，但无论哪一家店，全体成员的关系都非常好，大家都认识到"成本那么便宜，一旦卖出去了肯定能赚钱"，于是所有人集中推销，才使豆腐如此畅销。正因为如此，这家企业也逐渐增长了自信。

特别是要提升日餐配送的销售额和利润，现场"重点商品"要积极增加排面，提高摆放数量。

对于买手们在价格谈判中付出了诸多努力的商品，我在整个店面里也采取极力推销的姿态。

这么做，门店的人员会说"商品部辛苦谈下来的，所以我们才能挣钱"，商品部则说"门店的员工们卖了这么多，

真让人高兴"，双方就此建立起了良好的关系。

门店与商品部互相致谢，而且还带来利润，为我们的顾客提供了愉悦的服务。

对于店长来说，没有比这更令人高兴的事情了。

专栏　妈妈的味道和饮食文化的差异

"好吃吗""这个酱汤味道不行啊""哪儿不行了?!"

这是我新婚时候的事，说起来有些惭愧，当时告别了单身时代，每天不必再为三餐吃什么而发愁的新婚生活让我很愉快。

我的妻子很努力地用不太熟练的手法给我做饭吃。

然而，做出来的味道总觉得哪里不对。似乎好吃，但好像又不是那么回事儿，仿佛口味不太一样，让我感到心情很复杂。

如果不对妻子说"这个味道不错啊"，也许她就再不愿意下厨了，在这方面我是会体谅她的。

但酱汤怎么也不对味。

妻子问"好吃吗"，我脱口而出"这酱汤味道不行啊"，她的态度马上就变得不高兴了，逼问我："哪儿不行了?!"

但是我感觉喝起来实在没味道，但事情到了这一步，也终于明白到底是怎么回事儿了。

妻子家里是做被子的，住在热闹的街区里，在家里排行老大。而我出生在山里的农民家庭，在六个兄弟中年龄最小。

我们这两人走在一起，不管是生活方式、就餐场景、菜式，还是口味等，都必然是有差异的。

意识到这一点，在生活中互相迁就对方，随着两人生活的时间越来越长，我的味觉也开始习惯了。

每一个人，都会因生长的土壤、职业以及生活方式而与其他人不同。我的母亲生于大正年代，嫁到了农家，为了能够承受起家里农活的高强度劳动，需要维持体力，饮食的口味自然就比较重。

当然，很咸、口味很重的酱汤，在今天的农家里也不怎么能见到了。但在当时东北地区的农家里，放很多佐料的口味浓重的酱汤，被称为米饭的"下饭菜"。

这和妻子的清淡口味当然不一样。

在"我们家的生活"与"主管的计划"之间发现了差异

夫妻间饮食文化的差异，相信已婚的读者们不难体会。但除了平常的生活，年末年初的"年节""招待顾客"的时候，也因地域差异而大不相同。

而且，在这些方面，即便只是相隔一座山的隔壁村，材料和口味也都不一样。

"年节菜""煮年糕""炖菜""炖鱼""煮黑豆""鱼糕""伊达卷""其他的大菜"，都是从以前延续下来的习惯，是地域生活及文化的象征。

当地的特产、历史背景、地理因素、气候等融合出来的各种特征，通过食材、烹饪手法、调味等表现出来。

年末年初回老家省亲时，要说什么最好吃，当属"妈妈的味道"了。

对于超市的卖场打造，不如我们试着以"妈妈的味道"为主题吧。

把仅依据总部商品信息制定的"销售计划"向小时工们发布。

这时，会发现在"我们家的生活"与"主管的计划"之间是有差异的。小时工肯定会说："在我们那儿，年节时不吃这个。"

接纳这些声音，并修正销售计划，试着更加贴近地区的生活习惯吧。

当地的"年节菜"具体食材、口味、烹调方法需要借助有经验的小时工们来收集信息。烹调出"当地口味""我们家的过节菜"的菜式，用照片拍下来，以 POP 的形式进行展示。

将食谱发放给顾客，还可以将关联商品的当地酱汁、酱油等一起上架售卖。

　　我的父母已经不在人世了，所以现在妻子的妈妈烹调出来的"妈妈的味道"对我来说是天下最好吃的菜。而我现在的口味已经和妻子相差无几了，所以觉得味道特别好。

　　"我们的顾客是什么样的顾客？他们到底需要什么？"谦虚地收集信息，并积极地根据信息采取行动，这样的门店一定会招徕很多顾客的。

　　能够贴近当地居民的生活和饮食文化，这是超市受到顾客欢迎的条件。

　　特别是和总部距离很远的店铺，在基本的商圈内收集"对到店顾客做问卷调查""上门拜访的调研""由店内女性小时工提供"这类信息，然后探索如何将这些当地信息与销售计划联动起来。

　　为了使计划不停留在数量与金额的层面，要从信息收集开始，进行"商品提案、食谱推荐"，切实地构建起有内涵的卖场。

第 **4** 章

实例！
超市店长的"作业改革"

由午会中止所想到的专用收银台

离熟食区最近的 7 号收银台作为"便当绿色通道",集中一小时安排四个人,便当的销售额达到去年的 150%

为了解决顾客的抱怨,暂停午会离开门店的店长第一次亲眼看到了便利店里买便当的顾客在排队

这是我刚进入 York-Benimaru 时的事情。

当时的收银员,一个一个地读取商品的金额,在收音机上输入价格与部门,然后将顾客递过来的钱,迅速地心算一下,再把找零还给顾客。

达到专业级别的收银员,用右手敲击标有金额的键盘,不离手地进行单触式操作,左手则将商品放入购物篮,用眼睛确认金额,大声念出来,从而录入,可以说将整个身体都用在了收银这个动作上,特别熟练。

有一位前辈,女员工,她能够在与顾客交谈的同时,右手继续操作,输入金额,非常厉害。

当时,由于大型店铺法的规定,营业时间短、开店时间很早,因此,在高峰时间到关店的这段时间,各部门的男员工会站在收银员旁边,帮忙装袋等,进行工作上的支援。

面对收银员专业熟练的手法,我心怀敬意地观察着,不禁感慨道:"超市的门面其实是收银啊。"

作为购物最后一个环节的收银，如果能够给顾客留下好的印象，就能受到好评——这一点无论是从前还是现在，都没有改变。

怀着这份心情，我任职店长时，就在收银这个环节开展了一项业务改革。

我成了 H 店的店长，而按照前一任店长实施的流程，从中午 12 点开始，就要召集部门经理开午会。

联系大家开会时，总是有经理答复说："店里有很多顾客，参加不了了。"

大概过了一周的时间，有一天，像往常一样，11 点 50 分左右准备开午会了，而收银经理参加不了。由于有顾客投诉商品，作为店长的我在 12 点时，迅速前往顾客的家里拜访，所以当天的午会取消了。

在去往顾客家的路上，离店里不远的地方，我看见一家便利店，里面买便当的顾客排起了长龙。

"午休时间只有一个小时，既然是店长，难道不能把这些基本的情况考虑进去吗！"

这个区域里，大多是事务所和公寓，市中心是很多从其他地方调动过来的带有城市气息的工薪族。

"在机会这么好的时段里却要开午会。"

看到便利店里排队的人群，我开始不停地反思。

在不了解当地商圈的情况下，却一直按照我们自己的工作模式开会，连强调"如何为顾客创造价值"的我也感到很惭愧。

所以，一开始采取的对策是将午会推迟到 12 点半进行。

所有部门的经理从中午 12 点开始去支援收银，尽量让结账的顾客少等待一会儿，午会则从 12 点半开始。

还有一个措施，这个措施的启发是有一天某位顾客说的话。

在我去支援收银时，等待结账的顾客中，有一位看起来像工薪族的男士带着强烈的语气批评道："午休时间只有一个小时，排队的人这么多，休息的时间就没剩多少了。既然是店长，就不能在这方面稍微考虑一下吗？"

我们观察了那些从 12 点开始排队的顾客购买情况，既有用购物卡买了两大篮子东西的顾客，也有买了便当就走的顾客，他们都在一起排队。

为了避免顾客长时间等待，我认为让一般购物的顾客与只购买便当的顾客分开排队比较好。

于是，我们将 7 号收银台定为"便当绿色通道"，这个收银台离出售便当的熟食区最近。

从 12 点到 13 点的一个小时，在收银台前张贴海报，告知顾客这是便当结账专用收银台，而在 7 号收银台前，安排一位人员负责"便当专用收银台的引导"，还安排了"一名扫描便当的支援人员""一名给顾客找零的收银员""一名装袋人员"，总共四人接待购买便当的顾客。

"便利店的顾客们"，欢迎来到快捷结账通道！

结果，在 7 号收银台前，即使排了 10 个人，也比其他收银台的速度快。

这个举措在当地大受好评，而熟食部门的便当销售额也达到了去年的 150%。

当然，除此之外，还提出了"熟食便当""每天不一样的便当"等在便利店无法满足顾客的建议，使销售额进一步提升，卖得最好的时候，销售额甚至达到了前一年的 200%。

不只是以便当为目标的顾客，让人意外的是，连平常大量采购的主妇顾客们都觉得"如果买得太多，对只买便当的顾客感觉很抱歉"，给顾客们造成了如此的不便，实在值得我们好好反思。

在这次改善中，我们体悟到："作为店长，却没有放眼门店所在的地区""之前将自己的工作日程摆在第一位了"。

从人手的使用上来说，乍一看好像效率很低，但这都是结合了顾客的意见以及需求，采取的真正为顾客着想的措施。

通过全员的努力，做到了收银结账时不需要顾客等待，而原来在便利店排队的顾客们也开始愿意光顾我们的店了，中午也变成了更加热闹的高峰时间段。

配送卡车　将顾客的入口作为收货口！

大胆的思维转换
区区 309 坪的店面面积，年销售额 26 亿日元，超人气店铺的"开店前 100% 备货率"

紧挨着隔壁民宅的店铺设计
被训斥："太吵了！别打扰我们的日常生活！"

我担任过店长的 I 店，店面面积只有 309 坪，却取得了年度 26 亿日元的销售额，实在令人很惊讶。

这家店铺并不是因预测能卖很多而开业的店，店面也曾经难以维持下去。

当然，经营管理水平不高，断货现象频发，特别是日用品区常常错失商机。

卡车的进货口只有一台卡车的空间，早上最早一班车次的生鲜食品卡车到达后，后面抵达的"熟食、日配、其他商品混载"的卡车有两台需要在旁等候。及时错开抵达时间也有极限，为了尽快卸货，希望通过从各部门调配人员进行支援，但还是不行。

此外，还出现了必须解决的问题。

由于占地面积小，店铺设计导致进货口与隔壁住家挨得特别近，与前任店长交接时虽然谈到了这个问题，但我还是被这户人家叫去了，他们抱怨道："还是很吵啊，能不能别打扰到我们!"

这是历任店长一直很头疼的问题。

I 店是在 20 世纪 80 年代开业的老店铺，所以在进货口处有叉车，卸货时要将叉车上升到与卡车尾部平台相同的位置，然后卸下装载的商品，再降低叉车，这在当时是比较主流的卸货方式。

卸货时，针对卡车铁板放下时发出的声音，采取的改良措施是，在铁板处安装橡胶，但似乎没有从根本上解决问题，那户人家的男主人多次叫我们过去，严厉地质问我们："店长对于居民的抱怨真的有用心改善吗?"

由于卸货问题没能够很好地解决，开店营业前的备货也放慢了，而白天，店面里的收货区需要不停地补货，整个状态很混乱。

我召集了各部门的经理讨论了这个问题，但都没有提出有效的改善措施。

这个问题一直让我烦恼不已，正当我打开店铺的图纸，准备向总部的门店开发人员提议扩大进货口时，店铺正门两处顾客进店的入口映入了我的眼帘。

我马上想到"这儿是不是能用起来"。

"既然不能解决，我们甚至考虑要不要搬家" "店长真的解决了，帮了我们大忙!"

于是，我迅速向物流中心主管询问"有没有带叉车的卡车"，提出这个想法时，对方也正在为这家门店的卡车等待时间太长而苦于如何制作卡车的时刻表。

中心主管很快就答复我了，再结合日用品部门经理的意见，将蔬菜水果区一侧的入口作为日式食材日配商品的进货口，而熟食一侧的入口则作为面包牛奶日配商品、加工肉食类商品的进货口。

一般的进货口，如果改为带叉车的卡车，就不需要搬运叉车和卡车之间用于连接的铁板。

目前，按照不同商品种类进货的企业仍然很多，这似乎不是什么特别的方法，但在当时却是一个完全不同的思路（现在，确定进货区域时要考虑生鲜后厨区域，然后通过直接向售卖区搬运商品，连货物的分拣与补货小车的装卸操作也不需要了）。

改变进货口，减轻收货到补货为止的劳动强度，改善了操作，而开店营业前的备货率也实现了 100%。特别是日配商品，能够在白天将售卖区维持在最好的状态，业绩也得到了大幅提升。

我们还向隔壁的男主人汇报了改善的内容，并确认改善以后是否还会打扰到他们的生活，对方感谢我们，说："最近确实变安静了。"

听他说"如果解决不了的话，甚至要考虑搬家了"。长年给这家人造成了这么大的麻烦，我们深感抱歉。

"店长做得不错啊，帮大忙了"，男主人说出这句话时的那种高兴劲儿，我直到现在也难以忘怀。

结果，凭借着 309 坪的店面，达到了年销售额 26 亿日元，被认为是"再提高就很难了"的一家店铺，再次创造了奇迹，提升到了年销售额 28 亿日元的惊人水平。

而得以在白天正常运作的日配部门，其经理的喜悦比谁都强烈，表态"今后也要更加努力"的他，当时才 28 岁。

由于我是只身到当地工作，所以于公于私我都跟他关系很好，一起度过了非常充实的时间。然而，就在这时，他住院了。

去探望他时，他和我约定好："治好了病出院以后，我得赶快回到店里"，但他的身体没有抵挡住病魔的侵袭，四个月后因为癌症，他离开了我们。

在医院里，他每天都和父母念叨："我现在跟着店长干着最好的工作，没有时间住院，快让我出院，我想见到店长"。葬礼的那天，听到他的父母说起这些，我不禁号啕大哭。

从对方的商业模式中学习

**再次明确本店在"新鲜度"方面的优势，
并全力传达给顾客，
停车场也开放给竞争对手的顾客，大胆地
"擅自 NSC"化，相当奏效**

> **"在主妇的视线中，什么东西会特别显眼呢"**
> **"如果是自己，会买什么样的商品呢"**

我们总是很热衷于与超市同行之间的竞争，对于药妆店等其他业态的竞争策略则不怎么重视。

在第一章中，提到了我在 York-Benimaru 担任店长时，3月份调动到了一家年销售额达 50 亿日元的店铺，这家店由450 坪的食品区加 150 坪的服装区构成。4 月份，这家店的附近，新开了两家店，在这种状况下，我们通过努力，用了半年的时间终于使业绩恢复到了原有水平。

但是，次年的 4 月份，在这家店的后面，开了一家药妆店。

药妆店到底是一个什么样的对手，由于从来没有思考过如何应对其他业态的竞争，苦恼极了。

当然，贯彻四个基本原则——"亲切服务""整洁化""新鲜度管理""货品齐全、防止缺货"仍然很重要，但随着

---

① 在日本，指销售药品、化妆品、日用品和洗护用品等的店铺。

新竞争者的出现，我们重新做了划分，致力于全体员工都投入改善中。

然而，对手是一个完全想象不到的"不同业态"。

我认为只做好这些是不够的，首先，先参加对手的开店说明会，看能不能有所启发。

其次，在自己企业内，调研了那些已经在和药妆店竞争的店铺，在药妆店开业后，"哪些部门"的哪些"大分类""中分类""小分类""主打的单品"会受到影响，以确认我们的劣势。

最后，对店里的女性小时工进行调研，询问"在药妆店买过什么东西""当地的评价怎么样（周围主妇的声音）"等，带上她们一同到竞争对手的药妆店去，从以下三个视角进行了审视。

①在主妇的视线里，什么东西比较显眼，或者感觉对自己有吸引力。

②如果是自己的话会买什么样的商品。

③整体有什么感受，哪些方面能在生活上发挥作用。

"走进店里，首先看到的是健康食品，看来大家都很在意自己的健康啊"

通过考察，得出了以下结论。

①店内的通道靠墙一侧摆放大体积商品、重量大的商品

（纸制品、塑料瓶、纸尿裤、按箱出售的商品），对于使用购物卡的顾客来说容易通行

↔我们的店里，大体积商品、重的商品放在收银台附近

②季节商品集中放在入口的某一处，所以购买起来很方便，这一点比我们开展得早

↔我们的店里，是在各个售卖区各角落陈列季节商品，和当地的仪式、活动用的商品放在一起

③走进店里，首先看到了健康商品，看出来大家都很关注健康问题

↔我们的店里，是在加工食品部门摆放健康保健品，不够显眼。

图表⑦　以主妇的视角分析竞争店铺的特征

竞争店铺○○店的特征及与本店的比较分析		
能让顾客感到 高兴的点	本店是怎么做的 （比较分析）	应该怎么做 （假设）

④打折商品、特卖商品没有在平台上或者常用区域（固定）重复宣传

↔自己的店里，无论是摆放在平台还是尽头的商品，都会定期重复

⑤特色商品没有缺货，管理做得很到位

↔自己的店里，开展断货确认等工作，并进行了订货的指导，但断货现象仍然很多

⑥通道宽敞，能安心地购物，而且能让孩子坐在婴儿车里，精心地挑选商品

↔我们店没有构建出一个让顾客悠闲购物的环境

⑦重点商品占据大量的排面，容易挑选，方便购买。相当于我们的三到四倍，而且感觉很整齐

↔我们店里，重点商品的排面很窄，挑选起来比较费劲，购买时不太方便

⑧清洁度保持得很好，感觉清扫工作做得很好

↔而我们店里，不同区域，地板的光泽度不太一样

我们还针对对方店铺的布局进行了调研、绘制，与自己的门店比较后，再一次痛感到"学习借鉴对手商业模式的重要性"。

对方"用很少的员工
形成了打破部门间壁垒的作业体系"

从药妆店的商业模式中，能够感受到以下五个方面是他

们的强项。

（1）医药品、医药相关商品能够确保利润，产生的利润能够保证消耗品价格的实惠，并在战略上强调这一点

（2）控制店铺成本，以不花费运营成本的商品群为核心展开。需要冷藏的商品占比很低，以日用品杂货为主的非冷藏型商品是门店的主力

（3）员工很少，形成了消除部门界限的作业体系。员工们既各自负责相应的售卖区，也能承担起像收银等其他工作，这一机制在店里能够有效运转

（4）通道宽敞，容易看见商品，购买很方便，挑选起来很便利。很快就能找到需要的商品在哪里，整个布局让顾客在短时间内就能采购到想要的东西

（5）专门设置了出售医药品的地方，店面整体给人以很干净的感觉，各售卖区域虽然人员很少，地方很大，但清扫工作做得很及时

相比之下，我们的店面则有如下五项缺点。

Ⅰ．分析售卖商品的利润结构（食品72%、服装生活类22%、租赁6%），发现食品类压倒性地占据最大比例，而食品当中，生鲜类的三个部门占据了60%的份额。服装生活类相关的比例很低，其中生活类商品，特别是家具类占比非常低

Ⅱ．在商品展开中，虽然建立起了打破部门界限的机制，但在人员配备方面，与其他部门融合在一起的作业体系没有

构建起来

Ⅲ. 通道很窄，出售的品类比竞争对手的药妆店要多，因此难以发现，买起来费劲，不能很快地挑选出来

Ⅳ. 在不同的季节里，地板变脏的频率有所不同（＝整个年度进行清扫的方法是一样的）。柜子的清扫、备件清扫虽然每天都在实施，但仍有几处很脏

在我们店的售卖区被特别强调的"饮料、拉面、大米、零食"等，从药妆店买入这些商品时，发现生产日期比较旧。

另外，除了药妆店，包括商圈内的超市在内，对所有部门主要的 20 种品类的销售期进行了调查（当时是用制造年月日来表示），York-Benimaru 的日期管理基准，比其他店铺周期更短。

所以，作为药妆店开业前的对策，我们决定采取"在卖场里强调日期管理、安全安心"的措施。

以直接受到冲击的"加工食品"为代表，围绕所有的 20 种品类，彻底地强调本店的新鲜度

很快，我们就在通道上挂上以"安心、新鲜"为主要标题的宣传卡片，而且标注了"本店拉面都是从生产日期开始两个月以内的产品"的字样。

饮料、零食、大米的各个售卖区，也放上了同样的海报，并标示出销售期。加工食品（四个品类）以外，鲜鱼三种、

精肉四种、水果两种、蔬菜两种、日用品五种，共计二十种品类，力推其管理基准的严谨性与良好的新鲜度。

而在药妆店，零食在售卖区里是重点吸引顾客的商品，在自己店里的布局里，零食并没有陈列在顾客移动过程中很显眼的位置。

于是，把零食放在更醒目的地方。

我们店里的两个入口处，进店比率，水果蔬菜区一侧的是七成，日用品一侧的则是三成，所以在水果蔬菜区一侧安排拉面、矿泉水的成箱售卖区，然后加上强调新鲜度的宣传语。

调整以后，各个品类的销售额与上周相比增加了两位数。

虽然因为事先采取了对策，所以业绩不错，但这时，加工食品部门的负责买手开始抱怨了。

布局的变更没有与买手确认就实施了，所以抱怨"加工食品的整体布局发生变化了，在公司提议的售卖区被打破了"。

因为我们想到"只要业绩上去了就行"，所以就没有与他们商量，为此我们还向买手道歉了。

然而，加工食品部门买手的上司，副部长来到门店时，反而还向我们说"对不起"。

对方说道："这次的事情，是加藤店长为了应对竞争对手而采取的及时有效的措施，总部调研不充分，本来应该是由总部来提案的。接下来重新调整整体的布局就好。"

以这次经历为借鉴，设计了新概念新布局，开了一家新的药妆店。

另外，起居·杂货的部门中，化妆品的齐货情况完全败给了药妆店，所以通过调查"一个月内销售为零的商品"，与买手一起重新考虑如何备货。

对于消耗品的季节性商品（驱虫剂等），则探讨能否形成提前进行备货的机制。

宠物饲料方面，通过对顾客进行问卷调查，收集"您的宠物是猫还是狗""小狗的话是在室内还是在室外""本店没有的宠物饲料，而在其他店里买到了，都是什么商品"等信息，拜托买手调整备货，扩大宠物用品的市场。

另外，食品区和通道中间是服装区（150坪），将原来摆放在食品区的内衣挪到服装区，试图增加顾客的到店频率。

服装区的问题主要在顾客数量，通过将高频率购买的内衣挪到这里，可以带来更多的客源。

食品区入口处安排人员将顾客引导到服装区，在店内醒目的地方，挂上"通知板"，每天都开展服装区的宣传。

"学习药妆店的做法当然很好，但无休止地争夺下去什么也开始不了"

通过与药妆店的对比，发现我们店铺的长处在生鲜部门和熟食部门。

所以，药妆店擅长的商品，在对方开业之前我们就大力推销，药妆店开业后则以生鲜与熟食类为主打，制作宣传单促销。

另外，药妆店的停车场比我们的小，所以可以预见光顾药妆店的顾客会把车停在我们的停车场，于是我们便思考，是否可以利用好这个机会。

因为从当地顾客的角度来看，"我们店和药妆店挨在一起，这种商业聚集化才是对顾客最大的吸引力"。

如今，在各地区，开放式购物中心型，也就是"超市+药妆店"的当地购物中心（NSC）非常常见，但在当时却几乎没有，对于我们超市来说，药妆店的开业是一种阻碍，但在顾客看来，这是特别便捷的 NSC。

就这么擅自制定了购物中心化计划？！

所以，重新调整我们的思维，"向药妆店学习固然是好事，但一直争夺下去什么也改变不了"，与药妆店重叠的商品一概不放入宣传单里。

甚至安排停车场的保安人员，要求他们允许光顾药妆店的顾客进入停车场（当然，如果对方的店铺不拒绝的话）。

结果，在对方开业的当天，我们就超越了前一年的销售额。

当时，药妆店是在 4 月份开业，这个月的销售额，与去年相比，生鲜部门是 105%，加工食品是 99%，日用品是 98%，服装是 85%，起居类是 84%，整体总计 98%。

不可否认的是，与药妆店交叉的一些商品，销售情况要比前一年差，生鲜类商品却大幅超过了去年。

5 月份以后，门店整体的销售额超过了去年，证明我们的行动产生了效果。

这次经历的四年后，距离这家店大概 800 米的地方，以 York-Benimaru 为主体的，企业内首家正式 NSC 落地开业了，我则调到这里担任店长。

开业当天，竞争对手药妆店的董事到访了我们的店，带着两瓶日本酒，对我们说道："四年前，我们开业时，贵店的停车场可帮了我们大忙啊。"

这就是我们和不同业态的竞争对策，没想到还能带来这样的结果，"从对手的商业模式中学习"，其实学习的是那颗经营的心。

雇用残疾人士产生的力量

正常状态

"如何让他们在工作中消除自卑"的想法，刺激了一起工作的小时工们，使部门整体活性化

步入社会以前看到的是地狱，现在的状态是最好的

在我成为店长时，York-Benimaru 公司制定的企业方针是"让小时工们成为战斗力"（在 York-Benimaru，把按时间临时帮忙的人员叫作小时工），并开始进行了业务改革。

开展的过程中，通过完善女性小时工工作的环境，开始强调正常状态（残疾人士与健全人相互之间没有特殊的区别，共同进行社会化生活是很普通的思维模式）。

而店铺设计也根据爱心建筑法，在超市安装了残疾人士能够使用的设备。

这时，在任职店长的店里，我认识了蔬果部门的小时工A（男性，28 岁），他是一名残疾人。

A 总是能精神饱满地和我打招呼，在办公室面对面交谈时也是很坦诚的一个人。

他在 York-Benimaru 公司工作了 7 年 5 个月，在蔬果部门一年半。此前曾在日配部门三年半，起居相关部门两年半，鲜鱼部门一个月。后来，由于蔬果部门有同事退休了，他便调到了这个部门。

在面谈中，确认了他部门调动的原因，他自己说因为是残疾人。所以，我询问道"可以问一问你身体有缺陷的事情吗"，在获得他的理解之后，终于知道这是一种"脑挫伤导致的右上肢功能明显受损，并伴随双下肢的轻度残疾"。

原因是，他在高三那年（17 岁）驾驶摩托车时没有佩戴头盔，遭遇了交通事故。在住院一年半后，复读了半年，通过五年的学习，从秋田县的高中毕业，并从身体障碍人士职业训练学校毕业，通过职业介绍所进入 York-Benimaru 工作。

"每次换部门时，其他小时工投过来的目光有时让我有点恐惧。之前在鲜鱼部，总觉得大家都在背后议论'是不是因为帮不上忙，所以换部门了'，实在让我无所适从。"

A 很坦率地把自己真实的心情告诉了我。

"即便这样，我仍然觉得现在这种状态是再好不过了，因为在步入社会以前，自己仿佛置身于地狱中。在蔬果部工作后比以前开心多了。"

主动思考工作，并以积极的姿态努力的话，就一定能开辟出一条道路

交谈过后，我心里涌出一股"一定要帮帮他"的念头，于是决定"这家店的业务改善以 A 为核心推动展开"。

考虑到他进入蔬果部之前有六年的工作经验，靠自己的努力走到了今天，如果所做的改善能体察到残疾人士的处境，

那么 A 将成为比以前更强大的战斗力，他本人也会更加积极地开展工作。

我首先确认了他一天中平均的工作内容，主要有"早晨的收货""商品整理""补货""成品制作"等，所有工作都是按照卖场的布局以及主管的指示来进行，在这样的环境下无法让他以自己的意见、想法来开展工作。

如果以后让他和健全人一样，工作方式转变为可以将自己的想法反映在工作中，那么应该怎么做？

首先需要理解残疾的状态。

●A 的症状以及在工作中不方便的地方

（关于右上肢残疾的问题）

①右上肢活动不灵活…基本用左手拿重物

②右手、右手腕不灵活…即使左手能很快拿到商品，右手也没办法贴价标

③使用指尖的工作对他来说有难度…制作商品时很难用菜刀切蔬菜。写字慢，但有足够的书写能力。

④由于事故后为保证呼吸切开过气管，所以有轻微的语言障碍…如果不是很紧急，沟通交流时能充分传达自己的意图，没有问题

（由于双下肢功能障碍带来的问题）

①右边下半身几乎不听使唤…走不快

②用脚尖走路…容易绊倒

我试着问 A："你怎么考虑自己的将来？"

A 是这么回答我的：

"虽然我想像普通人那样结婚，但以现在的收入恐怕很难。税后 10 万日元，除去房租和暖气费，剩下 5 万日元，还要吃饭、治疗。能拿到更高的工资组建自己的家庭，是我的梦想。"

"要实现这个梦想，如果能自己对工作有所思所想，以积极的姿态对待工作，就能一点一点地开辟出实现的道路，让我们一起努力吧。"

A 说道："我会拼命努力的，请多关照。"

那么，对目标取得共识之后，应该按照什么顺序开展呢？

首先，设定好时间，制订出从第一步到第四步的培训计划（图表 8）。

并拜托副店长，直接上司，也就是蔬果部的主管协助。

第一步，根据"豆芽订货循环"（图表 9），与 A 确认在进货两天前下订单，以及订货数量的决定步骤。

因为当时门店是有休息日的，所以还把周二门店休息时的订货模式和没有休息时的订货模式教给了他。

比如，如果本周没有休店，那么周一，A 的工作就是以下的①—④：

①确认 POS 数据里周日的销售数量

②根据周一的进货数量与前一天的剩余数量，确认周一的销售计划数量

③根据订货单确认第二个周二的进货数量

④从上一周周三的 POS 数据中确认销售数量，确定本周三的订货数量

图表8 具体的教育日程

第一阶段 3/23～5/31 订货·环境创建	
①从一件商品开始订货	豆芽
②数据输出	POS数据输出方法及订货数量的确定
第二阶段 6/1～6/30 单品管理·制作POP	
①卷心菜数据	从各时间段分析看出的问题
	进行假设验证
②制作POP	担当商品作成
第三阶段 7/1～7/31 售价变更·毛利计算·卖场调整	
继续让其进行单品管理，并为售价变更、布局调整提供参考	
第四阶段 8/1～8/31 销售计划	
深耕单品管理，制订下周下月的销售计划	

图表9 豆芽的订货循环

没有店休时

	周一	周二	周三	周四	周五	周六	周日	周一	周二
订货日	○	○	○	○		○	○	○	
进货日			●	●	●	●		●	●

有店休时

	周一	周二	周三	周四	周五	周六	周日	周一	周二
订货日	○	店休	○	○		○	○	○	
进货日			●	●	●	●		●	●

将以上的订货方法教给 A，让他自己能够确定订货的数量。

A 参考过去的数据，发现周一到周三，由于竞争店铺休息，与平常相比，我们的店多卖出去了 50 袋豆芽。

在平常的周三，一般订 200 袋，到了对方休息时，则多订 50 袋，也就是按 250 袋订货。

由于多订货的连锁反应，决定周四的订货要比上周减少一些，只订 200 袋。

然而，到了周四，实际是刚到下午六点半，就一袋也不剩地断货了。于是，他开始反思："到底还需要多少袋合适呢？"

A 还发现："随着其他蔬菜的行情变动，豆芽的销售量也是有变化的。"

"以前就想试着这么操作了，所以能够操作 POS 机，真是太让我高兴了"

从豆芽开始后，作为第二阶段，这次让 A 挑战行情波动很大的卷心菜。

尝试豆芽订货时，POS 数据是由正式员工导出的。但是 A 申请说："想自己导出"，于是我将各时间段的导出操作通过 POS 指南教给了 A，每天都是 A 自己来进行导出。

我问了 A："自己试着导出数据感觉怎么样？"他说："以

前就想过，所以能够操作 POS 机真是太让我高兴了。"

再问他："看到数据有什么感觉吗？"

A 说："看到这个数据，可以知道大概几点钟断货。"

"你注意到了一个很关键的地方，那么无论是断货还是其他情况，把你注意到的数据空白的情况都试着记录一下吧。"

我对他提出了这个建议，他马上行动起来，在各时段的数据空白处写下点评才下班，让我感觉到了他的干劲。

第二天，在蔬果部门会议里，轮换上四个小时班的女性小时工 K，对 A 的订货给予了赞赏。

每天上 7 小时班的 M，也说道："A 只要去做的话就能做好啊，我也不能输给他啊。"

A的光芒改变了周围的人

此前，A 在会议中，只是听别人发言，自负责订货工作以来，他在会上开始活跃地发表自己的意见。

而 A 的这一变化，也在影响其他女性小时工。

某天，员工 B 汇报了黄瓜的销售结果：

按照"三根""五根""七根"的不同规格，销售数量总计"4/15（周三）175 根""4/16（周四）305 根""4/17（周五）256 根""4/18（周六）415 根""4/19（周日）303 根"。

被判断为"做不了什么工作"的人，用"改变的努力"影响其他的成员

于是，每天工作 4 小时的 S 提议"希望将日配部门的'玉米汁'纳入共同销售，进行试吃促销"。

后来我们实施了这个建议，实施日 4/23（周四）的结果是，一天卖出了 814 根，相关商品的"玉米汁"卖出了 125 袋，到下午六点时已经售罄。

"原来计划的是 1000 根呀。" S 感到有些自责。

"玉米汁"的试吃促销中，负责日配区的主管因为一下子把所有的货都拿了出来，所以味道有些变化，如果按照时间推移小批量地提供成品，应该可以卖得更多，这一点让 S 感到不甘心。

S 说道："下次想挑战 1000 根。"而其他女性小时工也提出"其他的商品也想试试看"。

负责蔬菜，每天工作 7 小时的 I（相当于这家店的老板）提出："每天'切片菜'的准备实在很辛苦，订货时间太少了。"

"切片菜"是指切成一半、四分之一的商品，比如卷心菜、花菜、萝卜、白菜、南瓜等。

确认 I 一天的作业流程 **（图表⑩）**，成品制作，一天要分四次进行。

I 的合同工作时间是 7 小时，三分之一的时间都在准备切片菜，而同样工作 7 个小时的 K，订十种商品的时间是提前60 小时。对比一看，I 负责 17 种商品，订货时间却只提前 35 小时，时间上真的太少了（另外也能看出，K 在确定订货数量上花费的时间太长）。

于是，我询问 I 在切片的准备中，哪个环节比较费劲，I 说出了以下几点：

图表⑩ I一天的作业流程

操作时间段	花费时间	商品名
08：10—09：30	80分钟	白萝卜、白菜、卷心菜、生菜、鲜莴苣、莲藕、山药、大葱、南瓜
12：15—12：55	40分钟	白萝卜、白菜、卷心菜、花菜
14：55—15：20	25分钟	莲藕、荷兰芹、芹菜、蘑菇、白萝卜
15：20—15：45	25分钟	南瓜

①每次断货以后要出入操作台很不方便

②要拿到砧板、菜刀很麻烦

③商品放在手够不到的地方就很费劲

④寻找商品花费很多时间

⑤如果能够知道一天的销售数量，应该会更加轻松

"一旦卖出去了就要准备商品"的工作模式，造成了"总是疲于操作"的现状。

那么要改变成"有准备地迎接操作"，应该怎么做呢？

答案是，"事先从 POS 数据中预测销售数量，再进行操作"，这是一项难度很大，而且谁也没有采取过的方式。

大家决定试着挑战一下，比如说，上周四的卷心菜，分析各时间段的数据，"切半的 78 日元"卖出了 57 个，而蔬菜总体销售额为 69.6 万日元。

另外，前一天，也就是周三，"68 日元的切半卷心菜"卖出了 64 个，蔬菜总体销售额达到了 8.27 万日元。

本周四比上周四减少 10 日元，以"68 日元"出售，那么预计可以取得比上周更高的销售额，这是第一点。然而，要达到前一天，也就是周三的 82.7 万日元，还是比较困难的，这是第二点。

因此，预计销售额为 78 万日元，而预计的销售数量为 62 个。如果倒推计算，操作限制在每天两次，数量多的话，第二次的操作则在午饭前，和正式员工共同进行操作。

结果，大幅缩短了操作的时间，缩短的部分，使订货时

间能从 35 分钟增加到 60 分钟，这样就有足够的时间充分查看数据，并决定订货数量。

如果是一天操作四次，I 的下班时间必定会超过合同中的 16 点，工作到 17 点。

变成一天操作两次以后，就能够按照合同里的 16 点准时下班了。

如果能进一步做好销售数量预测，大家就能自发、主动地寻找"是否有那些可以推销出去的商品"。

例如，宣传"能买到好吃的南瓜"时，以一个、二分之一、四分之一，切片、切块的形式备货，同时进行试吃促销，结果和上周相比，取得了 191% 的优秀业绩。

而在 I、S 这样的员工能够提出建议的背后，A 起了巨大的作用。

在部门内，看到原本被判定为"无法开展工作"的人，经过努力，也影响了一起工作的成员。

这就是我的目的所在。

"如果后厨与售卖区的距离太远，那么可否减少补充的次数"

A 的障碍还在于：①无法走得很快；②容易绊倒；③重的商品主要用左手拿；④即使左手能很快拿到商品；右手也无法很快地贴上标签；⑤补货慢。

我和副店长、蔬果部门主管商量这些问题能不能克服，首先做了实际状态的调查。

测量了一下蔬果部后厨（作业区域）到卖场的距离，大概是22—25m。

既然距离远，是否能减少补货的次数？因此，调查了销售数量与补货次数。像萝卜、大葱以外的商品，无论是周转数还是补货次数几乎都相同，而重点商品一天内补货三到四次，每一次补货的数量在一到两箱，并只补充一到两小时就卖完的数量。

比如说，大葱在17—18点，销售数量就会超过46束的陈列数量，而白萝卜在13点左右，开店时的陈列数量基本会卖完。

"一次的补货数量很少，所以补货次数自然就增多了"，对这样的一个结果，有以下三项提议。

提案① 根茎类食材即使一天补充一次，新鲜度也完全没有问题

提案② 菠菜等绿叶菜如果减少补货次数，要维持原来的新鲜度则不可能

提案③ 白萝卜、大葱的新鲜度能保持比较久，可以增加一些陈列数量（只是售卖区空间有限）

因此，绿叶菜以外的商品，即使增加陈列数量也无关紧要，那么接下来就要思考，如何在有限的空间里增加陈列数量呢？

当时 York-Benimaru 的标准陈列台账中，蔬菜卖场是 51 尺，而这家店只有 35 尺，也就是标准的三分之二的空间。

一个角（中分类）6 尺是界限，通过扩充尺数，来扩大陈列空间几乎不可能。

但是，重新探讨卖场的陈列后发现，陈列货架下侧，全部都是相同高度的临时货架。

要是根据各种商品调整这个临时货架的高度，扩充陈列空间，是不是就能陈列更多的商品？出于这个考虑，将根茎类食材卖场的 8 尺临时货架去除，以扩大陈列数量。结果，根茎类蔬菜的陈列量，变更以前是 180 个，而现在是 400 个。而大葱以前能放 100 个，现在能放 180 个（**图表⑪**）。

大葱、白萝卜的售卖区，一直都是竖着摆放在临时货架上，所以白萝卜一般放 25 根，最多也只能放 40 根。白萝卜、大葱在目前的卖场是周转两次以上，即使增加陈列数，周转一次以上，也不会因需要冷冻出售而在新鲜度上出现什么别的问题。

就是通过这一次次的改变，两类商品都增加到了两倍的陈列数量。在第二周进行调查，从一天的平均补货次数来看，白萝卜从 4.7 次减少到了 2 次，大葱从 4.2 次减少到了 1.5 次，胡萝卜从 1.2 次减少到了 1 次，大葱从 1.3 次减少到了 1.2 次，土豆从 1.3 次减少到了 1 次。就这样帮助 A 解决了一部分问题。

图表① 5/6—5/11、5/13—5/18，调查了重点商品的补货周转次数

品类	5/6（三）	5/7（四）	5/8（五）	5/9（六）	5/10（日）	5/11（月）	陈列区域	陈列量	平均出售数量	周转数	补充次数
卷心菜	4	5	5	6	7	5	平台	60个	242	4.0	5.3
黄瓜1kg	5	4	4	7	7	5	平台	80个	346	4.3	5.3
白萝卜	5	3	4	5	5	3	常规3尺	40根	100	2.5	4.7
大葱两根	4	3	3	5	6	4	常规3尺	45根	116	2.5	4.2
菠菜	4	3	2	5	5	3	常规3尺	60束	166	2.7	3.7
西红柿2P	3	—	3	3	2	—	平台	80束	146	1.8	2.3
茄子	3	—	—	2	2	2	平台	60袋	108	1.7	1.7
青椒	2	2	2	2	2	2	平台	100袋	149	1.4	2
胡萝卜	2	2	2	3	2	2	平台	200袋	187	0.9	1.2
洋葱	2	2	2	2	2	2	常规4尺	100袋	158	1.5	1.3
土豆	2	2	2	3	3	2	常规4尺	150袋	166	1.1	1.3

品类	5/13（三）	5/14（四）	5/15（五）	5/16（六）	5/17（日）	5/18（月）	陈列区域	陈列量	平均出售数量	周转数	补充次数
白萝卜	3	2	1	2	2	2	常规4尺	80根	90	1.3	2
大葱两根	2	1	1	2	2	1	常规2尺	90根	103	1.1	1.5
胡萝卜	1	1	1	1	1	1	常规	300袋	179	0.5	1
洋葱	2	2	2	3	3	2	常规	180袋	140	0.8	1.2
土豆	2	2	2	3	3	2	平台	200袋	185	0.9	1

另外，A 的卷心菜发货精度提高了。

某天，A 在查看卷心菜的各时间段实绩，12 点时卖出了 32 个，而后厨的库存有 30 箱。A 想"真想把这些都卖出去啊"，但是他预测以当天的价格"158 日元的话看来卖不完"。于是向蔬果部主管提出"将价格调至 138 日元，毛利率为 21%，虽然利润下降了，但无论如何还是想全部卖出去啊"的想法。

蔬果部主管深切地感受到了 A 对于订货的责任感，而且在销售过程中，A 不仅确认了数据，还提出了想法，他感到很惊讶。

于是，从 13 点开始，卷心菜改为每个售价 138 日元，因为正好是一个很好的机会，所以就让 A 来操作 POS 机的售价变更。A 在 16 点时，在输出即时数据的空白处记录了"今天剩下 7 箱"后，才下班回家。

当天的结果，卖出了 28 箱共 256 个，剩下 5 箱。而与上一周的同一天相比，销售件数达 139%，销售额达到 109.4%。

以前只是做补货作业的 A，开始接触"订货"，从 POS 数据中进行"中途修正"，建立"假设"，运用 POS"改变售价"。

"即使左手能很快地拿到商品，右手也无法很快地贴上价标"

和补货作业一样，实际调查"贴价格作业"后，发现分为以下四种：

①"终端平板 12 个商品"——卖价已登录在系统里，不需要贴标签

②"NONPLU（计量仪贴标）8 个商品"——以克数销售的商品，在称重处称重并贴标签

③"PLU 商品 31 种"——将条码印刷在包装带上，不需要贴价标

④"NONPLU 条码打印机 48 种商品"——用条码打印机贴标签

贴标签的操作是"商品条码编号的确认"→"条码打印机输入（条码编号·价格·发行张数）"→"制作价格标签"→"配置到 POS 机贴价标仪器中"→"贴在商品上"五个步骤。

A 虽然能用左手迅速地拿到商品，但右手无法很快地贴上价标。因此，最花时间的是④"用条码打印机制作价格标签"，这一步妨碍了 A 的操作。

需要进行这一步的商品一共有 48 种。从包装形态区分，袋装的有 26 种，桶装的有 16 种，拼盘的有 2 种，胶条的有 2 种，无包装的有 1 种，网袋式的有 1 种。

虽然由于季节、顾客，包装形态有所变化，但"袋装商品"还是占据最大比例，达 26 种。其中，从一开始就以袋装形态进货的商品有 23 种，自己店铺进行袋装的有 3 种，后者由于行情变动、季节因素，绿叶菜种类等会有所增加。

图表 ⑫ 作业时间的变化

现状		
商品名	数量	时间
洋葱	200 袋	31分钟
胡萝卜	200 袋	30分钟
土豆	200 袋	35分钟

条码印刷完毕的情况		
商品名	数量	时间
洋葱	200 袋	12分钟
胡萝卜	200 袋	9分钟
土豆	200 袋	13分钟

※现状调查中包括条码打印机输出条码的时间
※印刷完毕的时间测量为事先贴标签的补充时间

所以，为了缩短作业时间，让总部进带有条码印刷的包装袋，自己店铺只需要把商品装入袋中就可以了。为了证明这一点，进行了实验，将包装袋进货时就带有条码印刷的形式和不带有条码印刷的形式进行了比较，果然，作业时间大幅缩短。

在收银部门的汇报中，附加了"一个月内的漏贴商品清单"，今后也通过条码印刷完成袋的导入进行改善，这一事项被加入收银部门的工作中。

整个门店少了价格标签的商品达 211 件，蔬果占大多数，有 163 件，占比 77.2%，仅蔬菜就有 111 件。

"这家店的业务改善就以 A 为核心向前推进吧"，我下定了决心，从结果上看，对所有方面都产生了影响，而且按照预估的状态在进行着。

　　顺便提一句，A 将第一阶段到第四阶段为止的具体培训日程进行了深化，变得能够自主思考，并自觉地付诸行动，一年后，从小时工晋升为精英小时工。

尾声——本书的结束语

大家辛苦了！

那么接下来，请大家合上本书，让我们来总结一下。

在本书的结尾，还有最后一点想和大家聊一聊。

大家也许注意到了，超市店长在与员工的全体早会、午会、夕会中，总是不自觉地说了"自己想说的话"。

但是，与其自己说得多，不如让参加的人员来发言，这才是店长真正的工作。

比如，让全体参加人员两人为一组，进行一分钟的演讲，就能提升店铺的业绩。

在这一分钟的演讲里面，各自谈一谈在"理所应当做到的基本原则"中做到的事项、没有做到的事情，听众们则要在听的过程中，点头示意、认真倾听。

这么做，能让大家的思维变得更加积极。

然后，要互相"微笑握手"，自然地露出笑容。这就是"好的早会、午会、夕会"的要点。

"微笑握手"，如文字所描述的那样，微微地露出微笑，看着对方的眼睛，用右手用力握着对方的手。

这时，右脚向前、左脚在后，重心就会落在右脚上，而自己的脸与对方的脸就能自然地靠近了。

粗略一看，也许会觉得"这是多么简单的事情"，但店里有很多员工能做到这一点，和没有几个员工做到这一点的门店，差距是很大的。

没有几个员工能做到微笑握手的店铺，业绩不佳，店长经常会在早会中谈论一些负面的话题，"昨天在总部又被高层领导批评了"。

听到从店长嘴里说出的这些话，无论多么开朗的人都无法露出笑容。

相对而言，刚刚说到的这种方式，可以通过游戏的形式，让大家自然地微笑，其实也是需要精心策划的。

这样做，使得早会、午会、夕会能够以精神饱满的状态结束，员工们就能带着愉快的心情，微笑着走到卖场。

能够让员工展示出自然而爽朗的笑容，也是店长的本领。

最近，打招呼流于形式的企业变得非常多。

"早上好""你好"，发自内心地真诚微笑，愉快地打招呼，创建这样的环境，指导员工，这方面还是需要下功夫的。

仅在企业内"打招呼活动"的时候，作为一种仪式，空喊"要打起精神来"这种形式很多。

比如，我在我的店长时代，全体员工早会时，为了能看见参加人员全体成员的表情，按照身高排列。

这样一来，一般男员工会站到后面，而女员工会站到前面，全体人员的微笑情况我都能看到。

打招呼时有没有注视对方，有没有发出声音，有没有精神，各种状态都能看得清楚。

按照这种方法，进行全员的"微笑健康诊断"。

反复进行多次打招呼，就会变得自然了。这也是很重要的。

每天的早会、午会、夕会要加入"打招呼的方法"。

在这方面下功夫，将会成为非常有效的竞争对策，自家店铺能够更加靠近顾客。

然而，"仅靠笑容是无法在竞争中获胜的"，大家或许会有这个想法。

大家会觉得上了我的当，但总之，还是先用一个月的时间，在早会、午会、夕会时从微笑握手开始吧。

好店铺的基础是"笑容"。

本书针对超市店长要做的基本工作，花了很多篇幅进行说明，但都是我的亲身实践、经历，确实取得成效的事情。

请大家相信，并一定执行。

其中，我想再次强调"微笑握手"与卖场的"笑容"这两点，以此结束本书。

明天，大家也要一起努力！

"服务的细节" 系列

《卖得好的陈列》：日本"卖场设计第一人"永岛幸夫
定价：26.00元

《为何顾客会在店里生气》：家电卖场销售人员必读
定价：26.00元

《完全餐饮店》：一本旨在长期适用的餐饮店经营实务书
定价：32.00元

《完全商品陈列115例》：畅销的陈列就是将消费心理可视化
定价：30.00元

《让顾客爱上店铺1——东急手创馆》：零售业的非一般热销秘诀
定价：29.00元

《如何让顾客的不满产生利润》：重印25次之多的服务学经典著作
定价：29.00元

《新川服务圣经——餐饮店员工必学的52条待客之道》：日本"服务之神"新川义弘亲授服务论
定价：23.00元

《让顾客爱上店铺2——三宅一生》：日本最著名奢侈品品牌、时尚设计与商业活动完美平衡的典范
定价：28.00元

《摸过顾客的脚才能卖对鞋》：你所不知道的服务技巧，鞋子卖场销售的第一本书
定价：22.00 元

《繁荣店的问卷调查术》：成就服务业旺铺的问卷调查术
定价：26.00 元

《菜鸟餐饮店 30 天繁荣记》：帮助无数经营不善的店铺起死回生的日本餐饮第一顾问
定价：28.00 元

《最勾引顾客的招牌》：成功的招牌是最好的营销，好招牌分分钟替你召顾客！
定价：36.00 元

《会切西红柿，就能做餐饮》：没有比餐饮更好做的卖卖！饭店经营的"用户体验学"。
定价：28.00 元

《制造型零售业——7-ELEVEn 的服务升级》：看日本人如何将美国人经营破产的便利店打造为全球连锁便利店 NO.1！
定价：38.00 元

《店铺防盗》：7大步骤消灭外盗，11种方法杜绝内盗，最强大店铺防盗书！

定价：28.00元

《中小企业自媒体集客术》：教你玩转拉动型销售的7大自媒体集客工具，让顾客主动找上门！

定价：36.00元

《敢挑选顾客的店铺才能赚钱》：日本店铺招牌设计第一人亲授打造各行业旺铺的真实成功案例

定价：32.00元

《餐饮店投诉应对术》：日本23家顶级餐饮集团投诉应对标准手册，迄今为止最全面最权威最专业的餐饮业投诉应对书。

定价：28.00元

《大数据时代的社区小店》：大数据的小店实践先驱者、海尔电器的日本教练传授小店经营的数据之道

定价：28.00元

《线下体验店》：日本"体验式销售法"第一人教你如何赋予O2O最完美的着地！

定价：32.00元

《医患纠纷解决术》：日本医疗服务第一指导书，医院管理层、医疗一线人员必读书！ 医护专业入职必备！

定价：38.00元

《迪士尼店长心法》：让迪士尼主题乐园里的餐饮店、零售店、酒店的服务成为公认第一的，不是硬件设施，而是店长的思维方式。

定价：28.00元

《女装经营圣经》：上市一周就登上日本亚马逊畅销榜的女装成功经营学，中文版版本终于面世！

定价：36.00元

《医师接诊艺术》：2秒速读患者表情，快速建立新赖关系！ 日本国宝级医生日野原重明先生重磅推荐！

定价：36.00元

《超人气餐饮店促销大全》：图解型最完全实战型促销书，200个历经检验的餐饮店促销成功案例，全方位深挖能让顾客进店的每一个突破点！

定价：46.80元

《服务的初心》：服务的对象十人百样，服务的方式千变万化，唯有，初心不改！

定价：39.80元

《最强导购成交术》：解决导购员最头疼的 55 个问题，快速提升成交率！
定价：36.00 元

《帝国酒店——恰到好处的服务》：日本第一国宾馆的 5 秒钟魅力神话，据说每一位客人都想再来一次！
定价：33.00 元

《餐饮店长如何带队伍》：解决餐饮店长头疼的问题——员工力！ 让团队帮你去赚钱！
定价：36.00 元

《漫画餐饮店经营》：老板、店长、厨师必须直面的 25 个营业额下降、顾客流失的场景
定价：36.00 元

《店铺服务体验师报告》：揭发你习以为常的待客漏洞　深挖你见怪不怪的服务死角　50 个客户极致体验法则
定价：38.00 元

《餐饮店超低风险运营策略》：致餐饮业有志创业者＆计划扩大规模的经营者＆与低迷经营苦战的管理者的最强支援书
定价：42.00 元

《零售现场力》：全世界销售额第一名的三越伊势丹董事长经营思想之集大成，不仅仅是零售业，对整个服务业来说，现场力都是第一要素。
定价：38.00元

《别人家的店为什么卖得好》：畅销商品、人气旺铺的销售秘密到底在哪里？ 到底应该怎么学？ 人人都能玩得转的超简明MBA
定价：38.00元

《顶级销售员做单训练》：世界超级销售员亲述做单心得，亲手培养出数千名优秀销售员！ 日文原版自出版后每月加印3次，销售人员做单必备。
定价：38.00元

《店长手绘POP引流术》：专治"顾客门前走，就是不进门"，让你顾客盈门、营业额不断上涨的POP引流术！
定价：39.80元

《不懂大数据，怎么做餐饮？》：餐饮店倒闭的最大原因就是"讨厌数据的糊涂账"经营模式。
定价：38.00元

《零售店长就该这么干》：电商时代的实体店长自我变革。
定价：38.00元

《生鲜超市工作手册蔬果篇》：海量图解日本生鲜超市先进管理技能
定价：38.00 元

《生鲜超市工作手册肉禽篇》：海量图解日本生鲜超市先进管理技能
定价：38.00 元

《生鲜超市工作手册水产篇》：海量图解日本生鲜超市先进管理技能
定价：38.00 元

《生鲜超市工作手册日配篇》：海量图解日本生鲜超市先进管理技能
定价：38.00 元

《生鲜超市工作手册副食调料篇》：海量图解日本生鲜超市先进管理技能
定价：48.00 元

《生鲜超市工作手册 POP 篇》：海量图解日本生鲜超市先进管理技能
定价：38.00 元

《日本新干线 7 分钟清扫奇迹》：我们的商品不是清扫，而是"旅途的回忆"
定价：39.80 元

《像顾客一样思考》：不懂你，又怎样搞定你？
定价：38.00 元

《好服务是设计出来的》：设计，是对服务的思考

定价：38.00 元

《让头回客成为回头客》：回头客才是企业持续盈利的基石

定价：38.00 元

《餐饮连锁这样做》：日本餐饮连锁店经营指导第一人

定价：39.00 元

《养老院长的 12 堂管理辅导课》：90%的养老院长管理烦恼在这里都能找到答案

定价：39.80 元

《大数据时代的医疗革命》：不放过每一个数据，不轻视每一个偶然

定价：38.00 元

《如何战胜竞争店》：在众多同类型店铺中脱颖而出

定价：38.00 元

《这样打造一流卖场》：能让顾客快乐购物的才是一流卖场

定价：38.00 元

《店长促销烦恼急救箱》：经营者、店长、店员都必读的"经营学问书"

定价：38.00 元

《餐饮店爆品打造与集客法则》：迅速提高营业额的"五感菜品"与"集客步骤"
定价：58.00 元

《赚钱美发店的经营学问》：一本书全方位掌握一流美发店经营知识
定价：52.00 元

《新零售全渠道战略》：让顾客认识到"这家店真好，可以随时随地下单、取货"
定价：48.00 元

《良医有道：成为好医生的 100 个指路牌》：做医生，走经由"救治和帮助别人而使自己圆满"的道路
定价：58.00 元

《口腔诊所经营 88 法则》：引领数百家口腔诊所走向成功的日本口腔经营之神的策略
定价：45.00 元

《来自 2 万名店长的餐饮投诉应对术》：如何搞定世界上最挑剔的顾客
定价：48.00 元

《超市经营数据分析、管理指南》：来自日本的超市精细化管理实操读本
定价：60.00 元

《超市管理者现场工作指南》：来自日本的超市精细化管理实操读本
定价：60.00 元

《超市投诉现场应对指南》： 来自日本的超市精细化管理实操读本
定价： 60.00 元

《超市现场陈列与展示指南》
定价： 60.00 元

《向日本超市店长学习合法经营之道》
定价： 78.00 元

《让食品网店销售额增加 10 倍的技巧》
定价： 68.00 元

《让顾客不请自来！ 卖场打造 84 法则》
定价： 68.00 元

《有趣就畅销！ 商品陈列 99 法则》
定价： 68.00 元

《成为区域旺店第一步——竞争店调查》
定价： 68.00 元

《餐饮店如何打造获利菜单》
定价： 68.00 元

《日本家具 & 家居零售巨头 NITORI 的成功五原则》
定价： 58.00 元

《咖啡店卖的并不是咖啡》
定价： 68.00 元

《革新餐饮业态： 胡椒厨房创始人的突破之道》
定价： 58.00 元

《餐饮店简单改换门面， 就能增加新顾客》
定价： 68.00 元

《让 POP 会讲故事， 商品就能卖得好》
定价： 68.00 元

《经营自有品牌： 来自欧美市场的实践与调查》
定价： 78.00 元

《卖场数据化经营》
定价： 58.00 元

《超市店长工作术》
定价： 58.00 元

更多本系列精品图书，敬请期待！